つくし世代

「新しい若者」の価値観を読む

藤本耕平

光文社新書

つくし世代――目次

まう／「サプライズ」――つながり感を高められる最高のネタ／「チュープリクラ」「双子コーデ」「○○会」――つながりの確認作業／若者たちが「シェアしたくなる」仕掛けをつくる／「推し面メーカー」はなぜ若者たちに受けたのか？／「制服ディズニー」「コスプレディズニー」――非日常体験をする口実づくり

第8章 誰もが「ぬるオタ」

――妄想するリア充たち

8割近くが「オタク要素を持っている」と自覚／サブアカ、趣味アカが生み出した新しいオタク像／熱気が生じやすい「趣味コミュ」／「初音ミク」「カゲプロ」とのコラボで成功した事例／クリエイター心を刺激した「1本満足バー」のCM／商品を「擬人化」させるキャンペーン／バーチャルで妄想させる仕掛け／「みんなはどう思っているんだろう？」を視覚化し、共有する

第9章　コスパ至上主義
――若者たちを動かす「誰トク」精神

使えるお金の減少＝満足感の減少ではない／「い・ろ・は・す」が若者に受けている理由／ネットワークを活かして情報を駆使する／「お得な情報」をシェアして感謝されたい／「2ちゃんまとめ」「NAVERまとめ」――情報収集も効率重視／iPhoneが若者たちに普及したきっかけ／なぜ「読モ」の彼氏・彼女まで紹介するのか／グルメガイドの変遷――「顔が見えるユーザーの情報」が求められている／「雪マジ！19」のヒット要因――明確な「誰トク」を提示する／年齢でセグメントする広告が効果的なもう一つの理由／サンプリングも若者ほどシェアされやすい／若者たちを動かす「友トク」精神

お金をかけたいものは、「貯金」がトップ

Q. 今後(も)お金をかけたいものを教えてください。

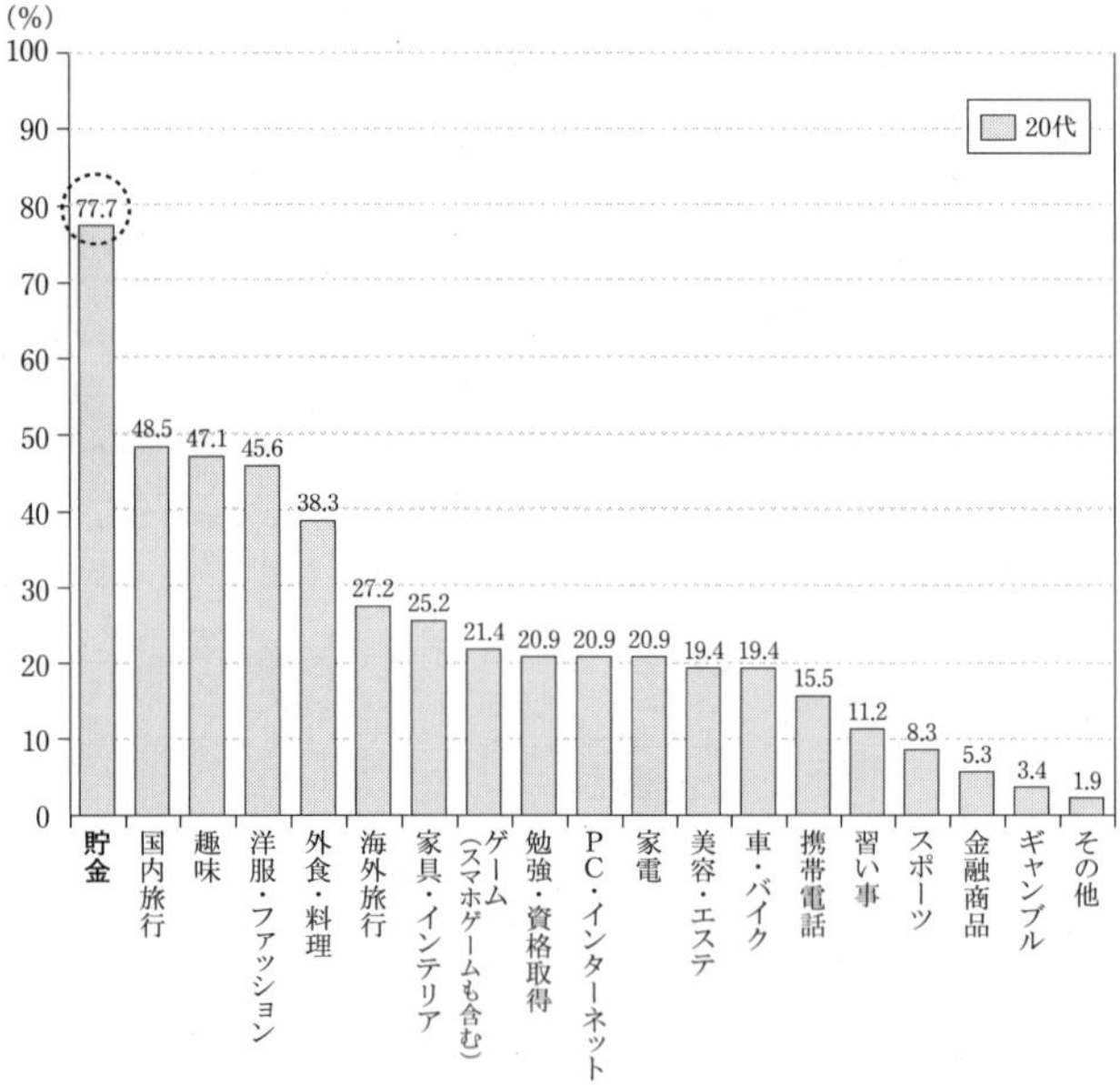

出典　ADKオリジナルweb調査(2014年10月):全国15〜49歳の男女836名　※20代206名抜粋

データで見る若者の実態

若者ほど、ボランティアへの参加意識が高い

Q. あなたは、今後、ボランティア活動に参加したいと思いますか?

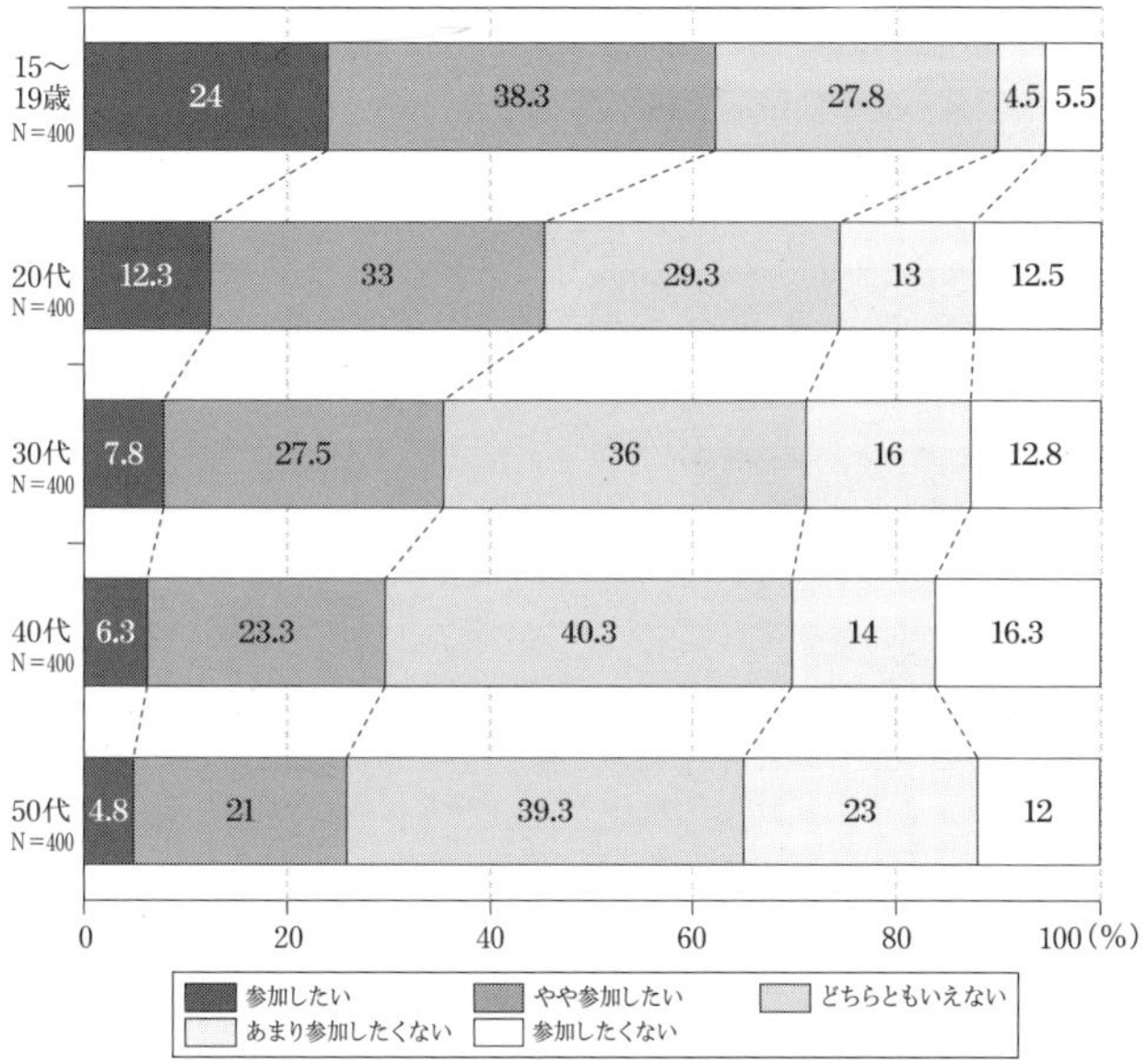

出典　ADKオリジナルweb調査(2015年2月):全国15〜59歳の男女2000名

10~20代の半数が、WEB上で知り合って友達になったことがある

Q. あなたはWEB上で知り合って、友達になったことがありますか?
WEBがきっかけで友達を作ったことがあるかどうか教えてください。

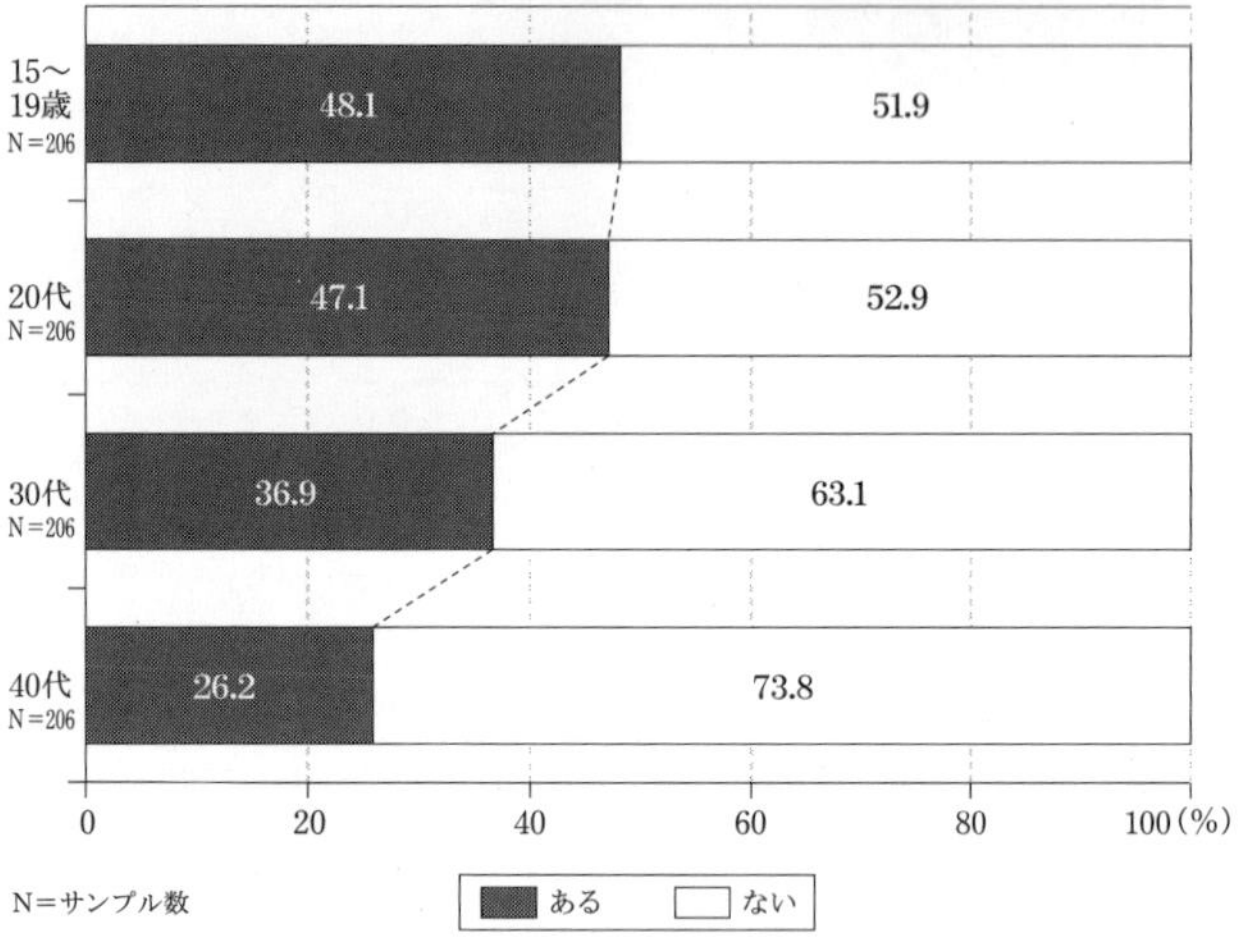

出典　ADKオリジナルweb調査(2014年10月):全国15～49歳の男女836名

10〜20代の4割以上がツイッターに鍵をかけている

Q. あなたはツイッターに鍵をかけていますか？（ツイッター利用者のみに質問）

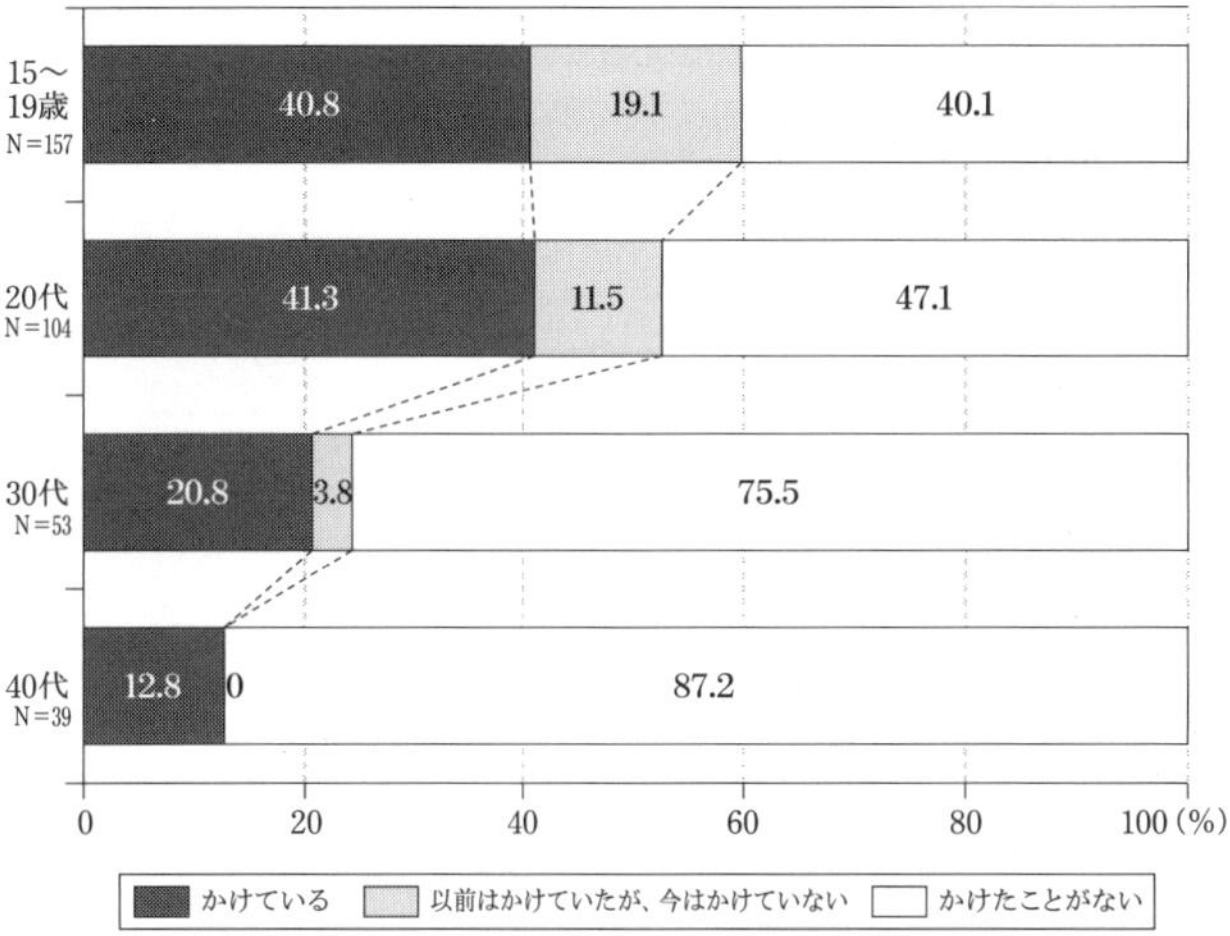

出典　ADKオリジナルweb調査（2014年10月）：全国15〜49歳の男女836名

10代の約3割が3か月に1回以上、サプライズを行っている

Q. あなたは友達の誕生日で「サプライズ」をしたことがありますか？
どのくらいの頻度でサプライズをしているかお答えください。

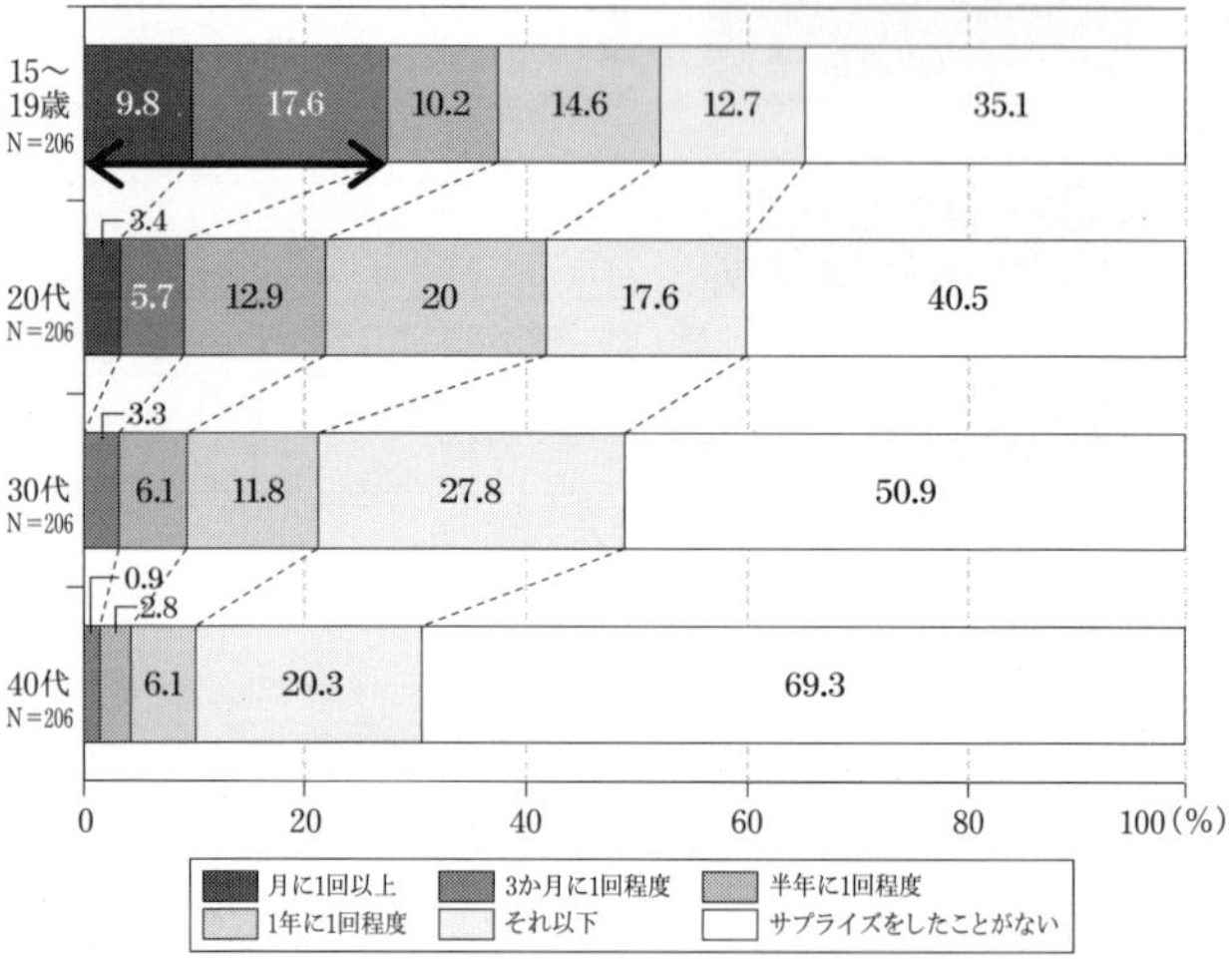

出典　ADKオリジナルweb調査(2014年10月)：全国15〜49歳の男女836名

10代の8割近くが、オタク要素をもっている

Q. あなたは、自分に「オタク」の要素があると思いますか?
あてはまるものをお選びください。

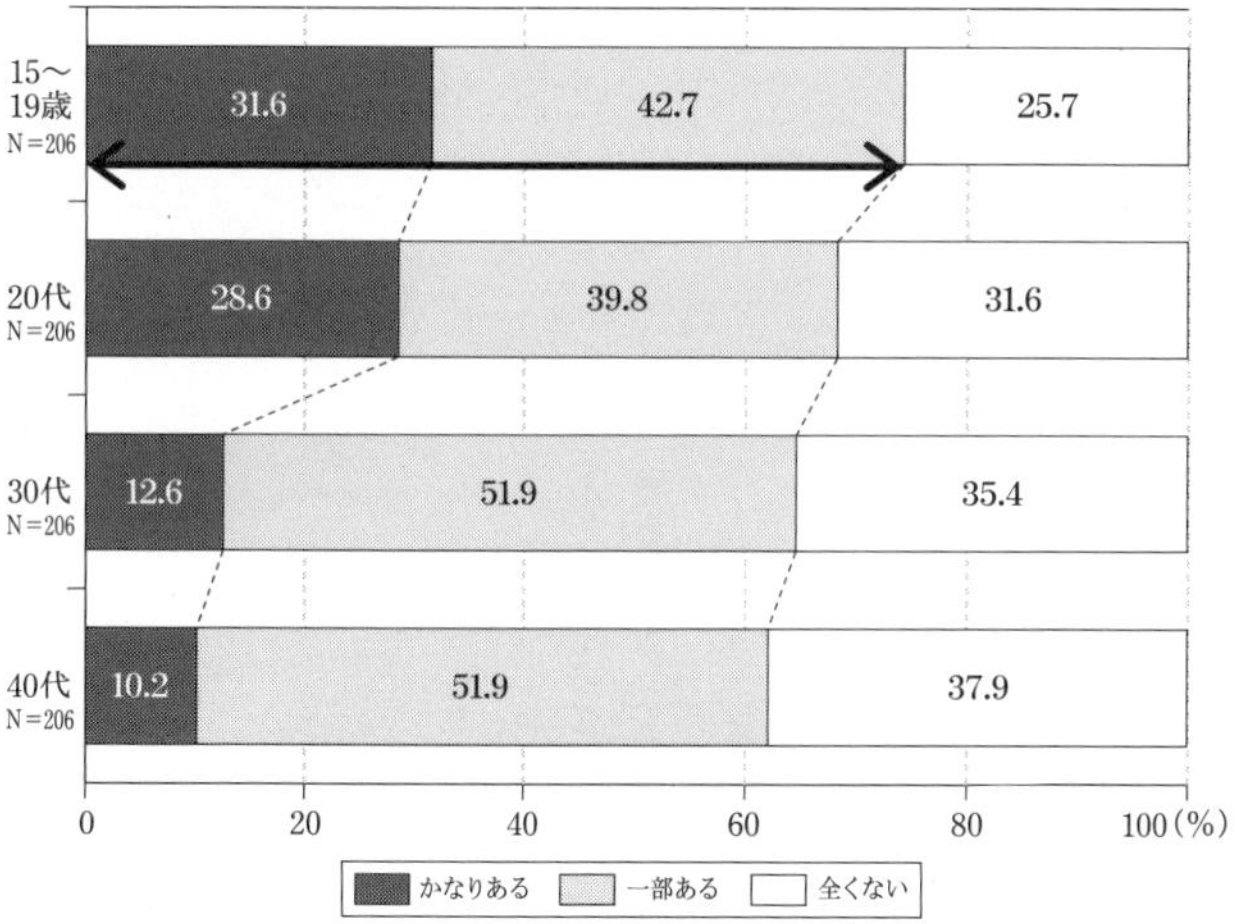

出典　ADKオリジナルweb調査(2014年10月):全国15〜49歳の男女836名

オリジナル調査によるデータは、網羅的な視点ではなく、若者特徴として面白いものをピックアップしています。

序章

さとっているだけじゃない
今時の若者は何を考えている？

広告で若者を動かすことが難しい時代

本書は「つくし世代」というタイトルをつけました。日々変化する若者の実態に迫る、ということで、最終的には、若者たちが向かおうとしている先にある、新しい傾向まで見ていくことができれば、と思っています。

今、若者たちは加速度的に変化していますよね。その背景には、ネット環境をはじめ、環境の激しい変化があります。

「今時の若者は分かりにくい」というのは、昔から言われてきたことですが、今日ほど、若者たちの文化や消費の傾向が上の世代の人間にとって分かりにくく、また、変化のスピードが速い時代は、かつてなかったのではないでしょうか。

我々マーケッターのミッションとしても、若者が日々どう進化しているか、ということを、今まで以上に、常にチェックしていかなければいけない時代になっています。

一昔前であれば、たとえば、「安室奈美恵さんが今ブームだよ、こんなアイテムを身につけていたよ」という情報を発信すれば、そのファッションを真似る「アムラー」と呼ばれる若者たちが増加する、木村拓哉さんがドラマの中で着用していたジャケットが飛ぶように売れ、プレミアム価格での取引までされる、というふうに、上からの投網《とあみ》形式で、若者たちに情報を広めていくコミュニケーションが可能でした。

広告でも、ブランドイメージをかっこよく表現したＣＭをつくれば、若者たちがそれに動かされて一斉に買う、ということが、しばしばあり得たと思います。

今、そういう現象はほとんど起こらないですよね。

マスコミが「これは良いよ」という情報を流しても、若者たちは「自分には関係ないかな」という冷ややかな目で見る。

広告・マーケティング業界にとって、若者は本当に攻略が難しい相手になりました。広告やマスメディアの力で、彼らを十把《じっぱ》一絡《ひとから》げに動かそうとするコミュニケーションが通用しなくなっている。

そんな中で起こっているのが、「ブランドの高齢化」という問題です。

昔はあんなに若者たちが買ってくれていたのに、今は全然買ってくれない。若者向けブランドなのに、購買層の中心が30〜40代になってしまっている……。そういう現象が、あらゆるジャンルの商品で起こっていて、私もよくクライアント企業から相談を持ちかけられます。

簡単には動かない若者よりも中高年やシニア層を狙おう、というのも一つの考え方ですが、今の若者たちは、将来のマス生活者です。彼らを早めに取り込んでおかないと、長期的には、ブランドが衰退していってしまいます。

どうすれば、若者たちの心を捉《とら》え、動かすことができるのか？

これは今、広告・マーケティング業界の非常に大きな課題になっています。

流行や文化のつくられ方が変わっている

まず認識しなければならないのは（多くの方がお気づきだと思いますが）、若者たちの流行や文化がつくられる構造が、昔とは違っている、ということです。

一昔前までは、上から下へと流行や文化が広まっていく傾向がはっきりとあったと思います。その発信源となっていたのは、テレビやタレント、あるいは、若者向けブランドを提供する企業でした。そこから流行に敏感な若者たちへ、そうでもない若者たちへと情報が広まっていった。

若者たちの中で自然発生的に生まれた流行や文化でも、それをマスコミが取り上げたときには、まだ多くの人たちにとって「これが新しいんだな」「今のトレンドなんだな」という感覚があったと思います。

今はそうではないですよね。テレビやタレント、企業などが発信した情報に、若者たちがなびかない。

彼らの流行や文化の発信源は、2ちゃんねるやSNS界隈《かいわい》などで出会う「等身大の誰か」になっています。

それを良いものや面白いものに敏感な若者たちがキャッチして、情報の受け手側にいる若者たちに拡散し、あっという間に情報が広まっていく。

そうして生み出された流行や文化をマスコミが後追いし、テレビなどで紹介された頃には、若者たちにとって、それはもう古いものになっている、というパターンが、近年、繰り返されているのではないでしょうか。

「チョベリバ」と「激おこぷんぷん丸」

流行語を例にして考えてみると分かりやすいかも知れません。

一昔前、渋谷を中心とする一部地域の若者たちの間で使われていた「チョベリバ（超ベリーバッドの略）」という言葉が全国的に広まったのは、テレビで取り上げられた後でした。木村拓哉さんがドラマで使い始めたことが大きなきっかけになったと思います。

それに対して、近年流行した言葉、たとえば「激おこぷんぷん丸（激しく怒っていることを可愛く表現する言葉）」はどうだったでしょうか。

2ちゃんねるで発祥し、SNSを通じて若者たちに広まり、さまざまな活用が考えられたり、ネタ画像がつくられたりして、さんざん遊び倒され、そろそろみんなが飽きてきた頃に、ようやくテレビで取り上げられた。

若者たちにとっては「今さら何？」という感じだったのではないかと思います。

昔のように、自分たちマスメディアこそが流行や文化の発信源である、という立場にあぐらをかいて、若者たちのトレンドを上から俯瞰《ふかん》しようとしていると、本当のトレンドを知るのが一年先、二年先になってしまいます。これは非常に危険なスタンスです。

ウェブを見ていれば分かる、というわけにもいきません。今、若者たちのコミュニケーションの中心はSNSで、彼らは多くの場合、仲間内のやりとりには鍵をかけています。他人として分析しているだけでは、実際にどんな情報が飛び交っているのかをタイムリーに知ることはできません。

若者たちの「今」を知るためには、彼らと「密に向き合う」ということが大切です。ウェブをただ見ているだけではなく、若者たちとツイッターをフォローし合うような関係に、もっと言えば、彼らと友達にならなければ、若者たちの流行や文化をいち早く知ることはできない、と私は考えています。

そのために2012年に立ち上げたのが、「ワカスタ」という組織です。

若者研究のスタンス

それについて説明する前に、簡単に自己紹介をさせてください。

私は1980年生まれの34歳、本書が刊行される2015年に35歳になる年です。大学で経済学を学んだ後、2002年に広告代理店アサツー　ディ・ケイ（以下、ADK）に入社。以来、13年間、一貫してマーケティングを担当してきました。

昨今、広告代理店では、営業やメディアなどを経験してからマーケティングに入ることが多いのですが、私は幸いにも、最初からマーケティング・セクションに配属されたので、比較的若者に近い年齢のうちから、多くのクライアントさんとお仕事をさせていただくことができました。

その経験を強みに、現在では、ＡＤＫストラテジック・プラニング本部のシニアプランナーとして、トイレタリー、金融、食品、化粧品、スポーツ、エンターテインメントなど多様な分野で、主に若者向けブランドのマーケティング戦略に携わっています。


こうした経験の中で、試行錯誤をしていくうちに、「今の若者にはどんな特徴があるか」「彼らを攻略するには、どうすればいいか」といったことについて、私なりの知見がたまってきました。


それを一人でストックするのではなく、多くの方々とシェアするべく、ＡＤＫの中で「若者プロジェクト」を立ち上げたのが、私の若者研究の本格的な始まりです。

そこでは、これまでの蓄積をまとめるだけでなく、定量調査や、できるだけ多くの若者に会ってのヒアリング調査などによって、さらに知見を広げ、ポイントを深掘りする、ということも行っていたのですが、業務の合間を縫《ぬ》ってのことなので、なかなか思うように時間が取れません。

また、前述のように、若者たちを上から調査しているだけでは、彼らが何を考え、何を望んでいるのかを本当に知ることはできない、ということも分かってきました。

もっと若者たちと密に向き合い、彼らの「生の声」をたくさん集めて、分析に活《い》かしていきたい。そのためには、どうすればいいか。

それを考える中でたどり着いたのが、私が若者たちの仲間となって、彼らと共同で研究を進める、若者たち自身にマーケッターになってもらい、彼らの中で今流行《はや》っていることや興味のあることについて一緒に分析していってもらう、という組織の立ち上げです。

若者たちと一緒に行う若者研究

ＡＤＫ若者スタジオ、通称「ワカスタ」――。

スタジオという言葉には、さまざまな志向、得意分野を持つ若者たちが一堂に会して、一緒にものづくりをするように、ワイワイと分析や企画立案を進めていきたい、という思いを込めました。

東京ワカスタと関西ワカスタがあり、それぞれ30人ずつ、首都圏・関西圏の大学に通う、情報感度の鋭い学生たちに集まってもらっています。

大学を卒業するときにワカスタも卒業、また新規のメンバーを迎え入れる、という更新制です。

ワカスタのメンバーは、一人一人がウェブやリアルでのコミュニティの中心となるような人たちなので、彼らを通じて、より多くの若者たちの声を集めることや、「あるリア充な若者の一日を密着リサーチする」といった踏み込んだ調査もしやすくなりました。

また、ワカスタのメンバーたちは、マーケティングに興味を持ち、分析力にも優れているので、一緒に若者関連事象を分析したり、マーケティング戦略の立案や新商品の開発に参加してもらったりしていると、私自身が勉強させられることもたくさんあります（彼らは今時の若者らしく、プレゼン資料などもとても上手《うま》くつくるので、クライアント企業に同行して、彼ら自身にプレゼンをしてもらうこともあります）。

最近では「ワカスタビジコン」というものも立ち上げました。

学生たちが参加してアイデアを競い合うビジネスコンテストでは、せっかく優れたアイデアが生み出されても、優秀賞を決めるだけで終わり、実際のビジネスには反映されない、というケースも少なくありませんが、「ワカスタビジコン」は、若者たちが考えたアイデアを必ず商品開発やマーケティング戦略に反映させる、ということを趣旨としています。

こうしたワカスタの活動については、終章でもう少し詳しく紹介させてください。

若者向けブランドの戦略を手がけるマーケッターとしての私自身の経験と、ワカスタのメンバーたちとの共同研究、開発。それが、私の若者研究の土台です。

その成果をセミナーでお話しししたり、大学の講師をさせていただいたりして、より多くの方と共有していくということも、今の私のミッションになっています。

1992年というターニングポイント

本書でいう「若者」とは、「1992年に小学校に入学した人たちよりも若い世代」というふうに定義させてください。2015年に30歳になる人たちよりも若い世代です。

なぜ1992年にこだわるのかについては、本文の中でも少しずつ説明していきますが、大きく分けて四つの理由があります。

一つめは、教育環境の変化。

小学校の学習指導要領が大きく改訂されたのが1992年です。いわゆる「新学力観」に基づく、個性尊重をはっきりと打ち出した指導要領が導入され、学力評価の基準も相対評価から絶対評価に改められました。

二つめは、家庭環境の変化。

統計上、共働き世帯数が初めて専業主婦世帯数を上回ったのが1992年です。

もちろん、個性尊重教育への移行も共働き世帯の増加も、それ以前から始まっていた時代の流れですが、1992年が大きなターニングポイントになったことは確かでしょう。

三つめは、IT環境の変化。

ウィンドウズ98の時代を思い出していただけると分かりやすいと思いますが、あの頃から一家に一台パソコンを持つのが当たり前になり、インターネットも急速に普及していきましたよね。

そういう時代が、中学校に入学する頃に始まったのが、1992年に小学校に入学した世代です。連絡網なども、この頃から徐々に電話ではなくメールに変わっていきました。

四つめは、経済環境の変化。

これは言わずもがなですが、1992年というのは、バブルが崩壊した年です。

35歳になる私でも、日本が右肩上がりの経済成長を続けていた時代の記憶はほとんどありませんが、私よりも5歳以上若い世代には、その記憶はまったくないと思います。

バブル崩壊後の「失われた20年」とも呼ばれる時代に、人格形成期の大半と青年期を過ごしてきたのが、１９９２年に小学校に入学した世代――本書でいう「若者たち」です。

こうした時代背景を持つ彼らは、より上の世代とは異質なマインドを持っています。

若者たちの「波及力」をどう活かすか？

今時の若者たちは分かりにくい、攻略が難しい、ということを繰り返し述べてきました。しかし一方で、消費者として見る彼らには、非常に大きなポテンシャルもあります。それは、若者たちの中で情報が広まっていく、波及性の高さです。

今の若者たちほど、一人一人がいくつものコミュニティに所属して、たくさんの人たちとつながりを持ち、盛んに情報をやりとりしている世代は、かつて存在しなかったのではないでしょうか。

そのため、一度彼らの心を捉えることができれば、若者たち自身が情報シェアの担い手となり、爆発的に広めていってくれる。そういうパワーを今の若者たちは持っています。

そのため、中高年やシニア層に同じだけ情報を広めようとすれば、何十億円もかけてガンガンＣＭを打たなければいけないところを、今の若者たちであれば、１億円ないし数千万円といった比較的低い予算で、彼らが情報を広めたくなるようなコミュニケーションの仕掛けをつくるだけで済む。そういう広告の成功例も増えてきました。

逆に言えば、従来のやり方では、若者たちのポテンシャルを引き出すことは難しい、ということです。

若者たちに上から情報を投げかける投網式のコミュニケーションから、若者たち自身が情報を広めたくなる仕掛けをつくるコミュニケーションへ――。

広告業界では、数年前からそうした動きが活発に議論されるようになっています。

そのために、どのようにアプローチを変える必要があるのか？

若者たちの心を捉え、彼らが持つ波及性の高さを活かすには、どんなポイントを押さえればよいか？

それを、今時の若者たちのマインド分析と、具体的なヒット事例の紹介を交えながら説明していきたい、というのが、本書の一つの趣旨です。

「ゆとり」「さとり」だけではない、若者たちの特徴

この本を通じて皆さんにお伝えしたいと考えていることが、もう一つあります。

それは、若者たちを表現する言葉です。

今時の若者たちは、「ゆとり世代」「さとり世代」という言葉で、ひとくくりにされがちですよね。

「ゆとり世代」は、２００２年（高等教育では２００３年）の学習指導要領の改訂から２０１１年の改訂まで、約９年間にわたって行われていた「ゆとり教育」を受けた世代であることに、「さとり世代」は、デフレの時代を生きてきたために悟らざるを得なかった〝欲しがらない若者たち〟の世代であることに、それぞれ由来する言葉です。

どちらも、今時の若者たちの一面を捉えた上手い言葉ではあると思うのですが、彼らと日々交流し、共同研究をしている私には、違和感もあります。

確かに、悟っている面はあるし、ゆとっている人もいるかも知れない。けれど、それだけではない。

彼らには、上の世代にはない、もっと別の特徴がある。

それを私なりの一言で表現したのが、本書のタイトルとした「つくし世代」です。

今時の若者たちは欲がない、消費をしない、とよく言われますが、彼らにとって、それは必ずしもネガティブなことではありません。もっとポジティブに「いかにお金を使わないか」を楽しんでいるところもあります。

また、どんなことに対しても欲がないのか、というと、そうではありません。仲間たちとのつながりを大切にし、「みんなで楽しみたい」「みんなに喜んでもらいたい」ということに対しては、上の世代と比べても、とても貪欲《どんよく》であるように思います。

そのためになら（デフレ世代で効率を重視する彼らが）、時間も手間も惜しまず、時にはポンとお金も使う。

そういうことを、道徳観や社会性などに基づいてではなく、「その方が自分もハッピーだから」「喜んでもらえると嬉しいから」というシンプルな動機に基づいて行おうとする、仲間たちの喜びのために奉仕し、尽くそうすることが、より日常的な行動原理、消費の原理にもなっている若者たち。

それが、私が考える「つくし世代」です。

もちろん、30歳以下の若者たちのすべてがそうだ、というわけではありませんが、少なくとも、そういう視点を持つことが、「ゆとり」「さとり」という言葉でくくってしまうと見えにくくなる、彼らの中に芽生えている新しい傾向を見えやすくするのではないかと思っています。

本書の構成

本書は、前半と後半で、内容に少し違いを持たせました。

第1章から第5章にかけては、今時の若者たちに特徴的な「五つのマインド」を説明していきます。

近年、若者たちに流行ったものが、なぜ流行ったのか、どんな広告のアプローチが成功したか、ということとの私なりの分析です（少し古めの事例も取り上げています）。

第6章以降では、「若者たちの進化形」とも言える、今時の大学生や高校生たちが、どんな感性や価値観、あるいはコミュニケーションのルールを持っているのか、ということを紹介していきます。

後半まで読んでいただくことで、商品開発やマーケティングなどのヒントだけでなく、これから社会に出てくる若者たちとどう付き合えばいいのか、ということとのヒントも得られるかも知れません。

そして、第10章では、若者たちの中に芽生えつつある新しい傾向「つくし世代」について、改めて論考します。

前置きが長くなりましたが、そろそろ本題に入りましょう。
本書が、皆様の若者理解の一助となれば、著者としてこれに勝る喜びはありません。

第1章 チョイスする価値観

――世間の常識より「自分ものさし」

若者関連事象からの分析

まず、若者分析の手法について簡単に説明させてください。それにはさまざまなものがありますが、本書で用いようとしているのは、次のような手法です。

第一段階として、若者関連事象の洗い出しを行う。

若者たちの間では、日々、さまざまな流行や文化が生み出されています。それをウェブ記事や個人ブログ、雑誌だけでなく、若者たちとの交流を通じて発見した内容など、多様な情報源から集積する。

次に、集めた事象を整理していきます。

スペースの都合上、ごく一部の事象しか挙げられていないのですが、左の図は、その作業をシンプルに図化したものです。

その事象がなぜ起こったのか、という要因を考えながら、親和性が高いと思われるものを近くに置いていく形で、マッピング&グルーピングを進める。これが第二段階です。

こうした整理を行うことによって、個々の事象を雑多に眺めているだけでは見えにくい、若者を理解するためのポイント、マーケティングを考える際の糸口が掴みやすくなります。

第三段階としては、各グループに共通する因子をキーワードとして抽出する。

図1　分析の手法

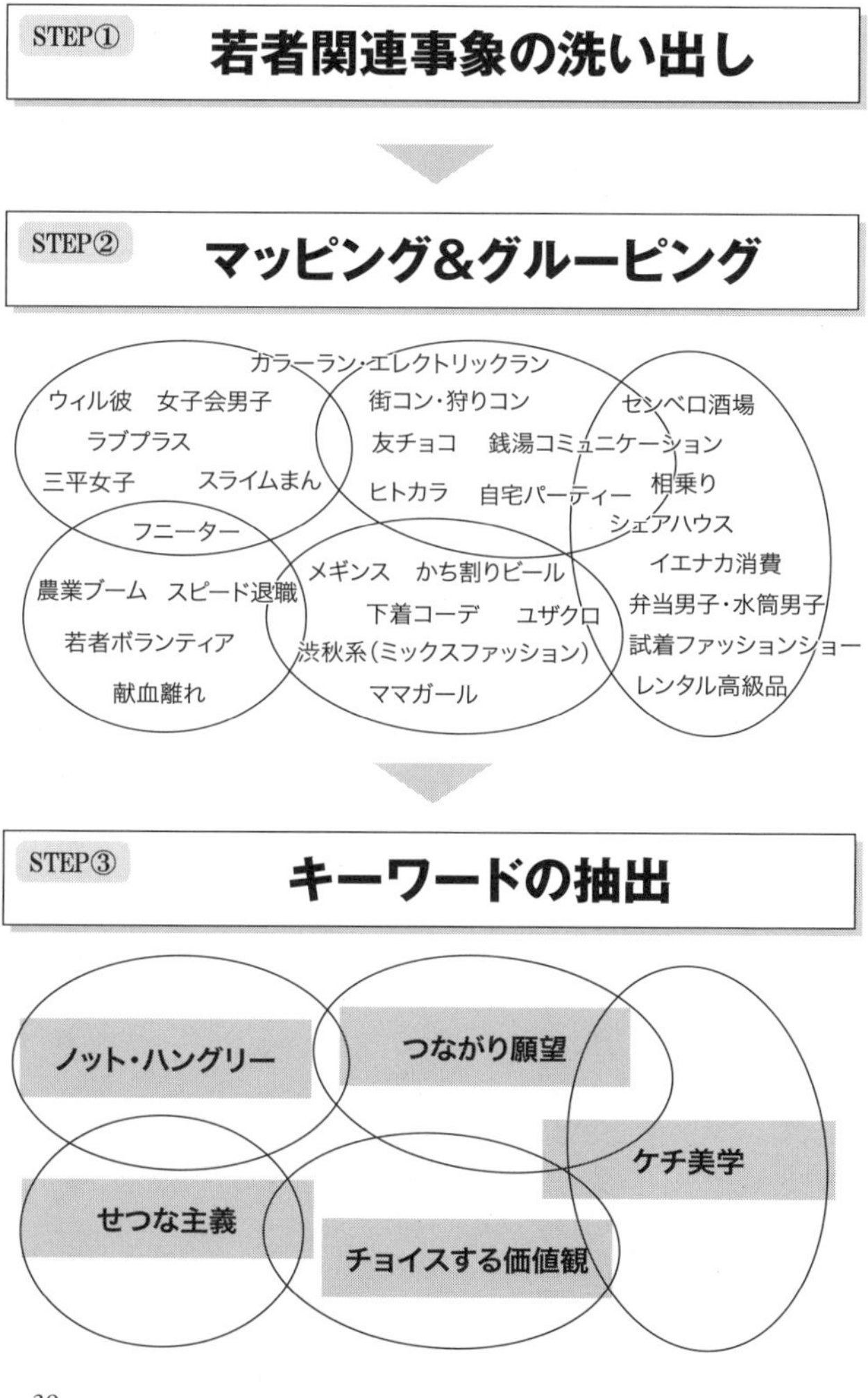
STEP①
若者関連事象の洗い出し
STEP②
マッピング&グルーピング
カラーラン・エレクトリックラン
ウィル彼　女子会男子
ラブプラス
三平女子　スライムまん
街コン・狩りコン
友チョコ　銭湯コミュニケーション
ヒトカラ　自宅パーティー
セシベロ酒場
相乗り
シェアハウス
フニーター
農業ブーム　スピード退職
若者ボランティア
献血離れ
メギンス　かち割りビール
下着コーデ　ユザクロ
渋秋系(ミックスファッション)
ママガール
イエナカ消費
弁当男子・水筒男子
試着ファッションショー
レンタル高級品
STEP③
キーワードの抽出
ノット・ハングリー
つながり願望
ケチ美学
せつな主義
チョイスする価値観

こうした作業の結果、浮かび上がってきたのが、「チョイスする価値観」「つながり願望」「ケチ美学」「ノット・ハングリー」「せつな主義」という五つの若者マインドです。まずは「チョイスする価値観」から見ていきましょう。

なぜきゃりーぱみゅぱみゅなのか?

このマインドは「渋秋系《しぶあきけい》」というファッションを例にして説明すると、分かりやすいかも知れません。

ミックス・ファッションと呼ばれるものの一つなのですが、文字通り、シブヤ系のギャル要素とアキバ系の萌《も》え要素が一つのコーデの中でミックスされています。

30代以上の方は、学生時代のことを思い出してみてください。同じクラスに、シブヤ系のギャルっぽい女の子たちとアキバ系のオタクっぽい女の子たちがいる場合、二つのクラスターは水と油のように、交わることのない関係だったのではないでしょうか。

シブヤ系の女の子が秋葉原に萌えグッズを買いに行ったりしないし、アキバ系の子がギャルメイクをしてクラブに行ったりもしない。両者の間には、目に見えそうな境界線があったと思います。

ところが今は、そこに昔ほどはっきりとした境界線がありません。若者たちは、既成の価値観、枠組みにとらわれず、自分の感性に合うものを自由にチョイスし、ミックスしようとする。その結果、ファッションにも、かつてなかった傾向が見られるようになっています。

アムラーと呼ばれる若者たちが社会現象になった時代、彼女たちはともすると、安室奈美恵さんに自分を投影しよう、お手本となるアムラー像にみんなで変身しようとしているかに見える面がありました。

今時の若者たちは、そういうことをしないですよね。

昔以上にたくさんのお手本があるので、それを参考にしないわけではない。けれども、お手本通りに変身するのではなく、「どの部分なら自分に合うか」ということを考えて、チョイスする。

安室ちゃんの髪型が可愛いから、そこは自分にも取り入れよう。でも、スタイルはあんなに良くないから、服装は別のお手本から取り入れよう……というふうに、ベースとするお手本があっても、それをミックスしたり、アレンジを加えたりして、微妙な「自分っぽさ」の完成を目指していく。

そういうマインドが、今の若者たちにはあると思います。

その一つの表れが「渋秋系」ファッションであり、その典型とも言える存在が、きゃりーぱみゅぱみゅです。

彼女が中田《なかた》ヤスタカさんのプロデュースでヒット曲を連発するようになってから「渋秋系」のようなファッションが流行ったと思われている方もいるかも知れませんが、そうではありません。

もともと若者たちの中にあった、既成の価値観や枠組みにとらわれず、自分の尺度に基づいて、自由にチョイスし、ミックスし、アレンジしようとする価値観。

それをよりポップに表現した存在が、きゃりーぱみゅぱみゅなのだと思います。

「下着コーデ」「メギンス」――常識にとらわれず生み出す新しい流行

ミックス・ファッションに近い例ですが、「下着コーデ」というのも、今時の若者たちに見られるユニークな事象です。

上の世代の女性には、下着は上下一揃《ひとそろ》いが当たり前、別々だったら、洗濯が間に合わなかったようで恥ずかしい、といった常識、ルールがあるのではないかと思います。

今時の若者たちは、そんな常識はあまり気にしません。自分の感性やその日の気分に合わせて、上下別々の下着をチョイスし、組み合わせる。だって、その方が楽しいし、自分っぽさを出せるから……というマインドが「下着コーデ」の流行には表れていると思います。


こうしたマインドは、男だからこうしなきゃいけない、女だからこうしなきゃいけない、という常識にもあまりとらわれない、ジェンダーフリーの傾向にもつながっているかも知れません。


少し前に若者たちの間で流行った「メギンス」と呼ばれる商品があります。

レギンスのメンズ版で、女性たちにレギンス・ファッションが流行した少し後に、若い男性たちに普及しました。

上の世代の感覚からすると、自分たちが20代の頃でも、そういうファッションが流行るというのは、想像しにくいことだったのではないでしょうか。もしレギンスを着用している男性がいたら、「女みたいな格好をしている変なやつ」という目で見られたかも知れません。

今時の若者たちは、それを「普通のこと」として、あっさり受け入れます。そして、もっと自分らしく着こなすにはどうすればいいか、ということを考え、アレンジしていく。

メギンスには、オシャレさだけでなく、防寒対策という要素もあるのですが、特に冬場になると、メギンスを履いている男子大学生がとても多いです。

一方、夏場のファッションとしては「日傘男子」も流行っていて、以前、いとうせいこうさんがデザインした「男の日傘」が即日完売になったりもしました。

ユニクロ＋ユザワヤ

「ユザクロ」という言葉も、数年前に流行りましたが、今時の若者たちのマインドが表れている事象です。

これは第3章のテーマである「ケチ美学」にも関係しているのですが、確かに、ユニクロの商品はコストパフォーマンスが高いし、色やサイズも豊富に揃っているので、買いやすい。シンプルだから着まわしもできて良い。でも、既成のものをそのまま着ると、みんなとかぶってしまう。そこで、ユニクロで買ったものに、手芸用品店ユザワヤを利用して少し改造を加え、より自分のフィーリングに合うようにアレンジする。

そうした、既成のものを自分の手で「ひとひねり」する文化も、今時の若者たちに定着しつつあります。

「自分ものさし」で世の中をはかる

「ママガール」という若者関連事象には、ライフステージごとの「こうでなければならない」という常識にとらわれない、若者のマインドが表れているかも知れません。

母親になったら、髪を黒くして、服装も控えめにして、母親らしくしなければならない。世間的には、そういう常識があると思います。

それはそれで一つの価値観として認めつつも、自分がそうしなければならないとは考えないのが今時の若者たちです。

「母親になっても、少女のままでいい」。自分がそう思ったら、ライフステージごとの常識にもとらわれず、自分の選んだファッションを貫いていく。そういう若者たちのマインドによってつくられた一つの文化が、「ママガール」という事象になっているのだと思います。

こうした既成の価値観や枠組み、世間の常識にとらわれず、世の中にあるものの中から自分が良いと思うものをチョイスし、ミックスし、アレンジしていく若者たちの価値観。

そのマインドの根底にあるのは、彼らが自分の尺度を強く持っている、ということだと思います。

世間のものさしに自分を合わせようとするのではなく、「自分ものさし」で世の中にあるものをはかり、その中から自分に合うものを選び取っていこうとする。

お酒の飲み方も常識にとらわれない

ファッション以外で例を挙げると、若者たちに流行っているお酒の飲み方にも、そういう傾向が表れています。

たとえば、「かち割りビール」。ビールにかち割り氷を入れて飲む楽しみ方です。

「なぜそうするの?」とワカスタのメンバーたちに質問してみたところ、「その方がビールの苦みが薄れてマイルドになるから」「アルコールのきつさが取れるから」といった答えが返ってきました。

もっと面白い飲み方としては、「カルピスのビール割り」というのも、若者たちに普及しています。

これは実際に試してみると、意外と美味《おい》しいのですが、「ビールはこういう風に飲むものだ」という常識を持っている世代には、なかなか受け入れがたい飲み方ではないでしょうか。

それが普及するところに、今時の若者の特徴があると思います。

お酒の飲み方も、世間のものさしではなく「自分ものさし」。上の世代から教わった飲み方やメーカーが宣伝している飲み方より、自分たちが良いと思う飲み方こそ「正解」と考える。それを彼らならではの波及性の高さで急速に広め、一つのスタイルとして定着させる。


「個性尊重教育の第一号世代」


チョイスする価値観、あるいは、その根底にある「自分ものさし」。そういうマインドを今の若者たちが持つようになったのはなぜでしょうか?

彼らの生い立ちと時代背景を重ね合わせてみると、教育環境の変化が一つの要因として影響しているのではないかと思えてきます。

序章でも少し書きましたが、2015年に30歳になる人たちが小学校に入学したのは1992年です。

この年に「個性を生かす教育」を目指して学習指導要領が改訂されたことから、彼らは「個性尊重教育の第一号世代」と呼ばれたりもします。

かつての教育は、「文武両道」という言葉に象徴されるように、文も武も、勉強もスポーツもできる優等生をいかに多くつくるか、ということをミッションとしていたと思います。評価の方針も、競い合いの中で、子どもたちの学力や運動能力を磨いていこうとする相対評価でした。

そういう一つの優等生像がある教育を、1992年以降に小学校に入学した世代の若者たちは受けていません。

彼らが受けてきたのは、いかに一人一人の良いところを伸ばしていくか、個性を生かしていくか、ということに重きが置かれた教育です。

評価の方針も、子ども同士の競い合いではなく、基準への到達度で成績が決まる絶対評価に改められました。

もちろん、教育は指導要領ですべてが決まるわけではなく、現場の先生方の裁量が大きいものだと思いますし、個性尊重への流れも1992年以前からありました。しかし、「個性を生かす教育」とはっきりと謳《うた》われた指導要領に基づく教育を小学一年生から受けてきたことが、若者たちのマインドに影響を与えたことは十分に考えられるのではないでしょうか。

クリスマスより二人の記念日

かつての若者には、世間で流行っているものや高級とされるものをいち早く入手することが自慢になる、ステイタスになる、という感覚があったと思います。流行りのブランド品をみんなより早く手に入れたい、高級な腕時計や自動車を買って、自分のステイタスを示したい。

今の若者には、そういう感覚がほとんどありません。「世間の評価が高いもの」よりも、彼らが大事にしているのは、「自分っぽさ」「自分のフィーリング」といったものです。

若いカップルを対象とする「二人にとって大切な日は？」というアンケートの結果にも、それが表れています。

世の中全体が盛り上がるクリスマスは第４位。いちばん回答が多かったのは「二人の記念日」です。

クリスマスはクリスマスで、一つのイベントとして楽しみはするけれど、特別に高いレストランを予約したり、高価なプレゼントを買ったり、ということはあまりしない（なぜなら、それは二人の「自分ものさし」ではかったときに特別な日ではないから）。それよりも「二人が出会った日」や「二人が付き合いはじめた日」といった記念日の方を大切にする。世間のムードよりも自分たちのフィーリングを重視する、というマインドの表れだと思います。

今時の若者には、二人の記念日を年一回祝うだけでなく、たとえば、付き合いはじめた日が17日であれば、毎月17日にちょっとしたお祝いをする、という習慣を持っているカップルがたくさんいて、「記念日を忘れないように教えてくれるアプリ」も人気を集めています。

自分らしさを「強調」よりも「協調」したい

そんな中、「自分らしさ」というものの捉え方も変化しています。

左の表を見てください。結婚相談所のオーネットが２０１５年に６００人の新成人を対象として、「自分はどんなタイプだと思うか」というアンケート（複数回答）に答えてもらったものです。

新成人のうち約92％もの人が、自分を「人からペースを崩されたくない」タイプと考えています。

しかし一方で、それと同じくらい多い約86％もの新成人が、自分を「人に気を遣う」タイプだと回答している。

図2　新成人が自覚する自分のタイプ

【自分のタイプ】

	(%)
人からペースを崩されたくない	**92.2**
人に気を遣うタイプ	**85.5**
人前に出るとあがりやすい	77.5
不安な気持ちになりやすい	75.3
気持ちが滅入りやすい	74.2
理想が高い	72.7
親密な付き合いが苦手	55.3
いじめを体験したことがある	55.3
だれとでも仲良くできる	44.7
自殺を考えたことがある	41.5

出典　第20回 新成人意識調査 2015年新成人（全国600人）の生活・恋愛・結婚・社会参加意識 “結婚相談所「楽天オーネット」調査”（2015年1月）

これは、私が若者たちと接していて感じる傾向とも一致するデータです。

自分らしさを大切にする一方で、他人との協調も同じくらい大切にする。

人との差異は無理やりにつけようとするものではなく、みんなが当たり前に持っているもの。そういう感覚があるからこそ、それを強調するのではなく、みんなと上手く折り合っていこうとする。

「世界に一つだけの花」と「ありのままで」

こうした「自分らしさ」というものの捉え方の違いは、ヒット曲に対する反応にも表れています。

２００３年、槇原敬之《まきはらのりゆき》さんが作詞作曲し、

ＳＭＡＰが歌った「世界に一つだけの花」という曲が大ヒットしました。

そうさ　僕らは
世界に一つだけの花
一人一人違う種を持つ
その花を咲かせることだけに
一生懸命になればいい

小さな花や大きな花
一つとして同じものはないから
№１にならなくてもいい
もともと特別な　Ｏｎｌｙ ｏｎｅ

今、この曲を若者たちに聴いてもらうと、上の世代ほどは共感しないところがあります。
楽曲全体の良さに魅力を感じることはあっても、歌詞に込められているメッセージに関しては、しらけるとまでは言わないまでも「それはそうでしょ」という反応になる。

この歌詞が心に響いた今の30代より上の世代というのは、小学生の頃から、厳しい競争社会で戦ってきた人たちです。

勉強でもスポーツでも一番になれ、横並びの状態から抜きんでた優等生になれ、というメッセージを、教育、あるいは時代背景から受け取り続けてきた世代だと思います。

だからこそ「No.1にならなくてもいい　もともと特別な　Only one」という競争社会へのアンチテーゼ的なメッセージを受け取ったときに、ホッと肩の荷が下りるように感じたのではないでしょうか。

これに対して、今時の若者たちは、もともと「一人一人の個性を伸ばしていきましょう」という個性尊重教育を受けているので、「世界に一つだけの花」の歌詞に込められたメッセージを受け取っても、当たり前のことを言っているように感じるのだと思います。

今時の若者たちにとって課題になっているのは、むしろ「自分らしくあることの難しさ」です。自分らしくあろうとすることで、人から傷つけられることもあるし、自分が誰かを傷つけてしまうこともある。そうはしたくないのに……という「個性の表現」と「他人との協調」との葛藤《かっとう》。そこにどう折り合いをつけていくか、というところに、若者の個性をめぐる問題が進化しています。

２０１４年にブームとなったディズニー映画『アナと雪の女王』は、まさにそれがテーマですよね。

とまどい、傷つき……ありのままの姿見せるのよ、ありのままの自分になるの、という歌詞は、今時の若者にも響きやすいと思います。

だから、10代、20代の若者も巻き込んでの大ヒットになり得たのではないでしょうか。

既成の価値観や枠組み、世間の常識にとらわれず、自分のフィーリングに合うものを自由にチョイスし、ミックスし、アレンジして「自分らしさ」の完成を目指していく。

一方で、自分らしくあることの難しさも知り、他人との協調も大切にしようとする。

それが、今時の若者たちの一面ではないかと思います。

ブランド感の押しつけを嫌う若者たち

そういうマインドを持つ若者たちに、どのような広告・マーケティングのアプローチが有効かを考えてみましょう。

「自分ものさし」を明確に持っている彼らは、ブランド感の押しつけを非常に嫌うところがあります。

自分らしさを表現するときにブランド品に頼りたくないし、頼らなくても、彼らにはそれができる。「あのブランド品を持っている○○さん」というふうに見られたくないのが、今時の若者たちです。

広告やCMに関しても、あまりにも世界観がつくり込まれていると、抵抗感をもたれてしまう場合があります。

たとえば、「ハッピーな感じ」を表現する広告やCMをどれだけ上手くつくり上げても、「私がそのブランドに求めているハッピーって、そういう感じじゃない」と思われてしまったら終わりです。

そんな今時の若者たちの心を捉えるために、何が大切でしょうか？

私は「スキマづくり」だと考えています。

商品を提供する企業やマーケティングをする側が、完成されたブランド感、世界観をユーザーに押しつけるのではなく、一人一人が、自分のフィーリングに合わせてチョイスしたり、アレンジしたりして、完成させられる「スキマ」あるいは「スキ」をあえて残しておく。

「スキマづくり」の成功事例

そうした広告の成功事例として、一つには「おいしいところがいい。ペプシネックス」キャンペーンを挙げられると思います。

6年ほど前の事例なのですが、それ以前のペプシは、「ペプシマン」というキャラクターを前面に出して、「俺たちはチャレンジャーだ、コカ・コーラには負けないぞ、若くてやんちゃだ」といったイメージをつくり込んだ広告やCMを展開していましたよね。

それが非常に受けていた時代もあったのですが、今の若者たちには、あまり受けなくなっていた。

そこで、どうアプローチを変えたのか？

あえて世界観をつくり込まない、押しつけない、という戦略に転換しました。

記憶されている方も多いと思うのですが、何もない白い背景に、ペプシネックスを持ったタレントさんが一人ずつ登場。「おいしいところがいい」というキーフレーズだけを固定して、そのおいしいペプシネックスを飲みたくなるのは、どんなとき？ 暑い夏、海の家に来たとき、爽快になりたいとき、ストレスが溜まったとき、仕事でもうひと頑張りしたいとき……。そのシチュエーションは人それぞれあっていいよね、ということを、ユーザーの代表であるタレントさん一人一人に、それぞれのフィーリングで語ってもらうことで表現した広告です。

そのフレーズもできるだけ短くして、広告の受け手一人一人に「これが自分のフィーリングに近いな」「自分だったら、もっとこんな感じだな」といったイメージを膨らませてもらいやすいようにした。

それが特に10～20代の若者たちに受けて、このキャンペーンを展開した年、ペプシネックスは前年比、２桁増の売り上げを達成したそうです。

一人一人に「ブランド・ベネフィット」を表現してもらう広告

このキャンペーンは、当時、コカ・コーラが独自の世界観をつくり込んだ広告を展開していたことに対抗した戦略だったのですが、その後、コカ・コーラも若者に対するアプローチを根本的に変えています。

テレビだけでなく、ユーチューブでも配信されていますが、たとえば、若者たちで賑《にぎ》わう

ブランド・ベネフィット「爽快になれる」を体験し、表現してもらう、スプライト「スプラッシュカート」
写真提供：日本コカ・コーラ

夏のビーチなどに「スプラッシュカート」を設置し、水しぶきをかぶった後でスプライトを飲んでもらう。

スプライトというブランドが提供しようとしているベネフィット（ここでは「ユーザーの利益」という意味）である「爽快《そうかい》になれる」を企業側がつくった世界観で伝えるのではなく、ユーザーに体験してもらって、それぞれの自然な表情や言葉で表現してもらう、という構造の広告コミュニケーションです。

あるいは、氷でできた「アイスボトル」でコカ・コーラを飲んでもらって、コカ・コーラのブランド・ベネフィットである「ハッピー」をユーザー一人一人に表現してもらう。

以前のコカ・コーラの広告は、いかに「ハッピー」な世界観をつくり込み、伝達するか、ということに力を入れていたと思いますが、それをやめたのです。

「スプラッシュカート」や「アイスボトル」などの広告は、広告業界でも近年稀《まれ》に見る大ヒット事例になっているのですが、その根本にあるのは、「企業側が一つの世界観をつくり込んで押しつけない」「ユーザー目線に立ち、一人一人が『自分だったらこうだ』と想像しやすいスキマをつくっておく」という発想だと私は考えています。

第1章では、今時の若者たちに特徴的な「五つのマインド」のうち「チョイスする価値観」について分析し、そういうマインドを持つ彼らに有効なアプローチを考えてみました。

第2章では「つながり願望」というマインドを分析していきます。

第2章 つながり願望

――支え合いが当たり前じゃないからつながりたい

若者にとっての「宅飲み」

左の二つのグラフを見てください。

上のグラフは、20代前半の女性の飲酒率が同年代の男性の飲酒率を上回っていることを示すデータです。

これは2008年の厚生労働省研究班による調査なのですが、2003年に行われた同調査では、すべての年代で、男性の飲酒率が女性を上回っていました。この頃に男女の逆転現象が起こっている。

下のグラフは「1年前と比較して、宅《たく》飲みをする頻度に変化はありましたか?」という、2009年に行われたアンケート調査の結果です。

ご覧のとおり、20代の特に女性において、宅飲みをする頻度が増えたという人が突出して多くなっています。

二つのデータは、この頃に若者の飲酒習慣に関して大きな変化があったことを示していると言えるのではないでしょうか。

上の世代の人たちは「宅飲み」というと、仕事帰りにスーパーやコンビニなどでお酒を買

図３　女性の飲酒率が男性を超える

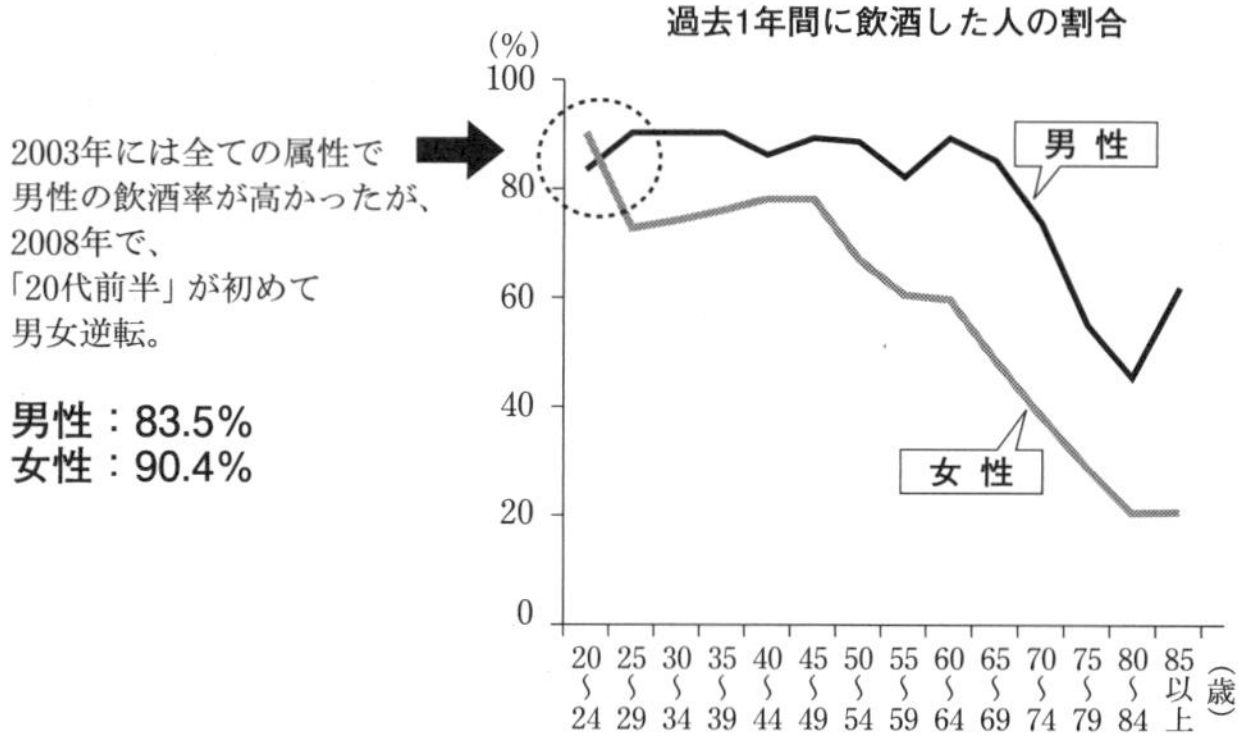

出典　厚生労働省研究班調査（2008年度）

図４　宅飲みの頻度の変化

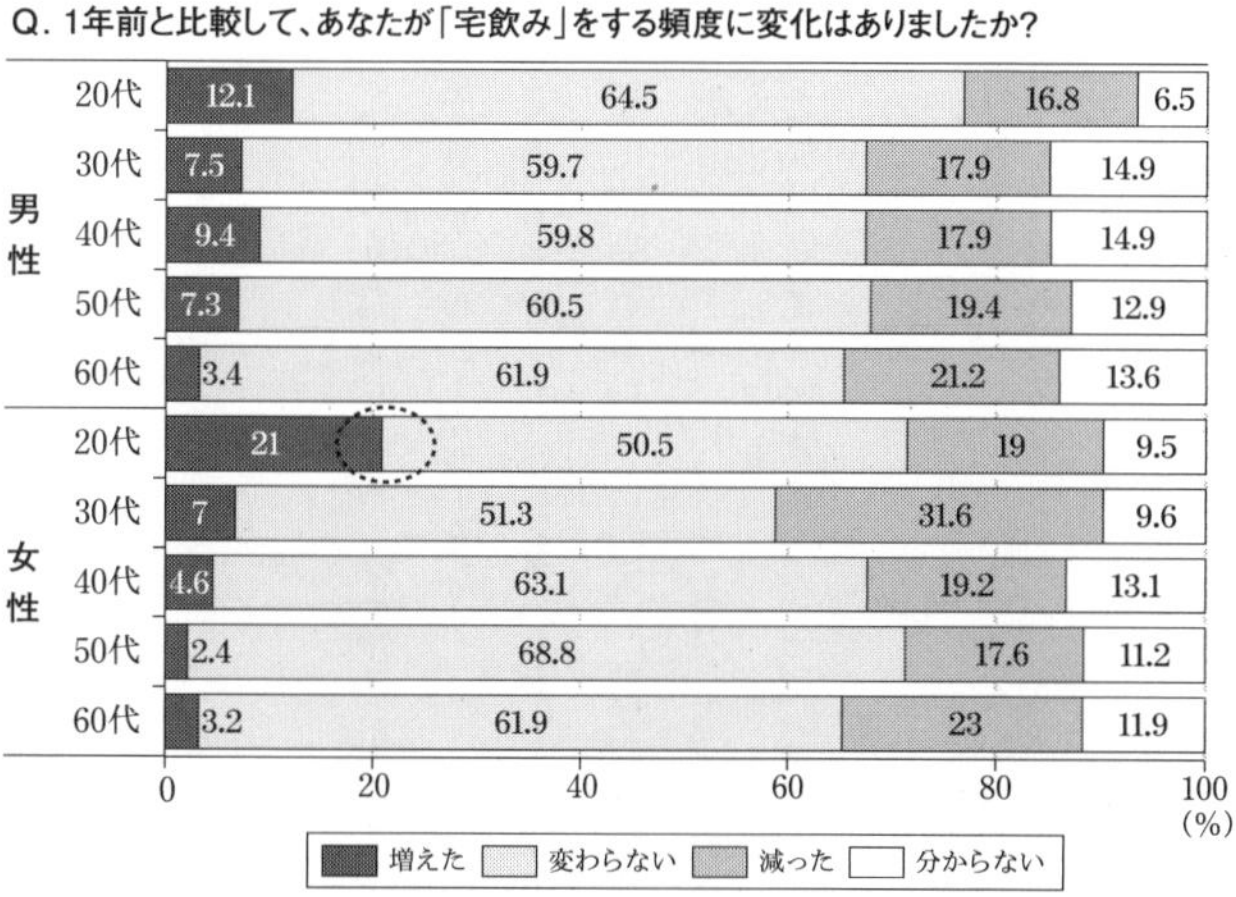

出典　クロス・マーケティングweb調査（2009年）全国20～64歳の男女1200名

ってきて、自宅で一人で飲むこと、を思い浮かべるのではないかと思います。

今時の若者たちにとっての宅飲みというのは、そうではありません。

友達の家に集まって、みんなでワイワイお酒を飲むこと。それを宅飲みと考える若者が多いと思います。

これは「その方が居酒屋で飲むよりも安いから」「帰ることを気にせず、安心して飲めるから」という、彼らならではの合理性の表れでもあるのですが、若者たちの「つながり願望」の表れでもあると私は考えています。

宅飲みをイベント化する若者たち

今時の若者たちの「つながり」と言うと、ＳＮＳでのつながりを連想される方が多いかも知れません。もちろん、それも彼らの重要なコミュニケーション手段ではあるのですが、一方で、リアルでのつながり感、仲間たちとの一体感も非常に大切にしているのが、今時の若者たちです。

先ほどの宅飲みにしても、ただ家で飲むだけでなく、彼らはそれを非日常化、イベント化しようとします。

今時の若者たちはパーティーが好き、というのは、若者関連記事の中でしばしば言われていることですが、ワカスタのメンバーに話を聞いてみると、「自宅パリピ」という言葉があるそうです。

自宅でパーティーをするピープルの略で、自宅パリピ。それもただパーティーをするのではなく、みんなでたこ焼きをつくる「たこパ」、かまぼこをつくる「かまぼこパ」というふうに、仲間との共同作業を通じて「つながり感」が味わえるイベントを企画し、みんなで盛り上がりながら、お酒も楽しむ。そういう宅飲みを、今時の若者たちは盛んに行っています。

スーパー銭湯とバーベキューの復権——手軽な非日常感

「銭湯《せんとう》コミュニケーション」というのも、今時の若者たちのつながり願望が表れている事象です。

近年、財布に優しい交流の場として、スーパー銭湯を利用する若者たちが増えています。

ワカスタのメンバーたちのSNSでのやりとりを見ていても、仲間たちと銭湯に行き、お風呂上がりにみんなでノーメイクでいるところを写真に撮って、「〇〇の湯なう」とアップしていたりする。

彼らに「なぜスーパー銭湯を利用するの?」と聞いてみると、「手軽に旅行気分を味わえるから」「非日常感があるから」という理由だけでなく、「スマホを見ずに会話に集中できるから」ということもあるそうです。

今時の若者たちは、ラインやSNSでいくつものコミュニティに属し、たくさんの人たちとつながりを持っているのが普通なので、リアルで仲間たちと会っていても、どうしても、みんながスマホを見ながら会話している状態になりやすい。

だからこそ、たまにスマホが使えない状態で、目の前にいる仲間たちとの会話に集中することが新鮮に感じられ、つながりを再確認するイベントになるのではないでしょうか。


手軽な非日常感、イベント感ということでいえば、バーベキューも今、若者たちの間でブームです。

それを受けて、キャンプ場だけでなく、以前はバーベキューとは無縁のように思われていた施設にもバーベキュー場が設置されるケースが増えてきました。

たとえば、百貨店の屋上です。旧来のイメージでは、百貨店の屋上といえばビアガーデンですが、今はバーベキュー場を設置して、若者たちの集客を狙っている店舗がいくつかあります。

あるいは、ゴルフ場です。若者のゴルフ離れ、ということが言われるようになって久しいのですが、若者たちをゴルフ場に呼び込む方法として、バーベキュー場を併設するゴルフ場が増えています。

ゴルフ場というのは、本来、芝生のきれいさ、環境の良さといった要素が重視されるものだと思いますが、それを損なうかも知れないリスクを冒してでも、バーベキュー場を併設する。それによって、ゴルフ場が持っている「都市とも自然とも違う非日常的な空間」という売りを若者たちの「つながり願望」を満たす場として昇華させようとする。

そういう動きが盛んになっています。

「カラーラン」「エレクトリッククラン」——フォトジェニックという要素

さらなる非日常感ということでいえば、「カラーラン」「エレクトリッククラン」というイベントも人気です。

写真映えするイベント「カラーラン」

カラーランというのは、「健康的で、積極的なライフスタイルを追求する、笑顔にあふれたレース」というコンセプトの下、アメリカではじまったイベントで、参加するランナーたちは、白いTシャツとランニングパンツなど、白い服を着てスタート。

5キロのコース内に設けられた4カ所のカラーゾーンで、赤、黄、緑などのカラーパウダーを浴びて、ゴールするときにはみんなカラフルになっています。

一方のエレクトリックランは、蛍光色の服や光るグッズなどを身につけたランナーたちが、光と音楽で彩られた夜のコースを走るイベントです。

カラーランにしても、エレクトリックランにしても、それがなぜ若者たちの心を捉えているのか、ということを考えると、非日常感、イベント感、仲間たちとのつながり感ということに加えて「フォトジェニック」という要素が浮かび上がってきます。つまり、いかに写真映えするか。

今時の若者たちには、つながりを感じたい、というだけでなく、そのつながりを目に見える形にしたい、フェイスブックなどに載せてみんなにアピールしたい、という願望も見受けられます。

そこで大事になるのが、写真に撮ったとき絵になるか、人目を惹《ひ》く真新しさがあるか、という要素です。

カラーラン、エレクトリッククランをはじめ、近年、若者たちの人気を集めているイベントには、こうしたフォトジェニックさの面で魅力的なものがたくさんあります。

恋愛よりも義理よりも「つながり感」

「友チョコ」の流行にも、つながりを確かめたがる若者たちのマインドが表れているのではないでしょうか。

上の世代が若い頃には、バレンタインデーに女性が本命ではない男性にもチョコレートを贈る「義理チョコ」という習慣が定着しましたが、今、10代、20代の女性たちの主流になっているのは、男女を問わず、大切な友達にチョコレートを贈る「友チョコ」です。

江崎《えざき》グリコが２０１３年に10～20代の女性４００人を対象として行った調査では、「去年のバレンタインにチョコをあげた相手」の回答としてもっとも多かったのは女友達で、70・5%。彼氏（35・8%）の約2倍、男性への義理チョコ（30%）の約2・5倍にも及んでいます（告白したい男性は10・0%）。

その友チョコも、市販されているものをそのまま贈るのではなく、本命の男性に贈るときと同じくらいの手間をかけて自作したり、そこまでの手間をかけられない人はポッキーにデコレートしたり、という工夫を凝らすようになっています。プリクラのような写真入りの包装紙でチロルチョコをパッケージする「DECOチョコ」というサービスも人気です。

「街コン」と「狩りコン」の盛況

今あるつながりを大切にするだけでなく、新たなつながりを求めるイベントにも、若者たちは積極的に参加しています。

今やすっかり定着した「街コン」もそうですよね。

街コンは、もともとは店舗活性化、あるいは街おこし的な趣旨で始まったものです。たとえば「恵比寿コン」であれば、普段は恵比寿に来ないような人にも来てもらえるように、恵比寿にある飲食店などが連合し、一つの商店街的な発想で、一定の料金で食べ歩きができるようにする。それによって、参加者たちには出会いの場を提供する、というコンセプトです。通常のコンパとは違い、街全体が会場となるので、少ない場合でも１００人以上、多いときには１０００人以上の参加者が集まります。

その出会いも、30代以上の参加者においては「男女の出会い」という婚活的な意味合いが強いと思いますが、若者たちにおいては、必ずしも恋愛目的ではなく、純粋に人とのつながりを求めたい、という意識で参加している人が多いと思います。

これは第４章「ノット・ハングリー」で改めて書きますが、今時の若者たちは、恋愛に対して上の世代ほどガツガツしていません。それより、人とのつながりを感じたい、コミュニケーションを楽しみたい、というマインドが強くなっています。

ニンテンドー３ＤＳ用ソフト「モンスターハンター」と街コンのコラボである「狩りコン」というイベントも若者たちに人気です。

もともとこのゲームは、一人では狩れないモンスターでも、仲間と力を合わせれば狩れる、という部分が、若者たちの「つながり願望」に上手くマッチしていると思うのですが、そのゲーム内で一緒に戦う仲間たちとリアルで会おう、というのが「狩りコン」で、食べ物、飲み物が用意された会場で、会話も楽しみながら、みんなで狩りをします。過去に企画された「狩りコン」では、いずれもチケットが即日完売している人気イベントです。

「つながり」に関する意識の変化

今、若者たちにつながりを提供する場、仲間との一体感やつながり感を感じさせるイベントがこれほど受けているのはなぜでしょうか。

それは逆説的に「積極的に求めなければ、つながりを得にくい時代だから」ではないかと私は考えています。

自分が子どもの頃を思い出してみても、放課後、公園や学校の校庭に行けば、友達や近所のお兄さんなど一緒に遊んでくれる誰かがいました。鬼ごっこや缶蹴り、野球やサッカーといった遊びの中で、自然と仲間が増えていった。

地域のつながりの希薄化、子どもの遊びの変化などにともなって、そうしたことは起こりにくくなっていると思います。

また、子どもが買い物に行っても、昔は商店の人たちが「○○さんちの△△ちゃん」と認識していて、オマケをつけてくれたりしたものですが、今は商店のチェーン店化、接客の

図5　専業主婦世帯と共稼ぎ世帯の推移

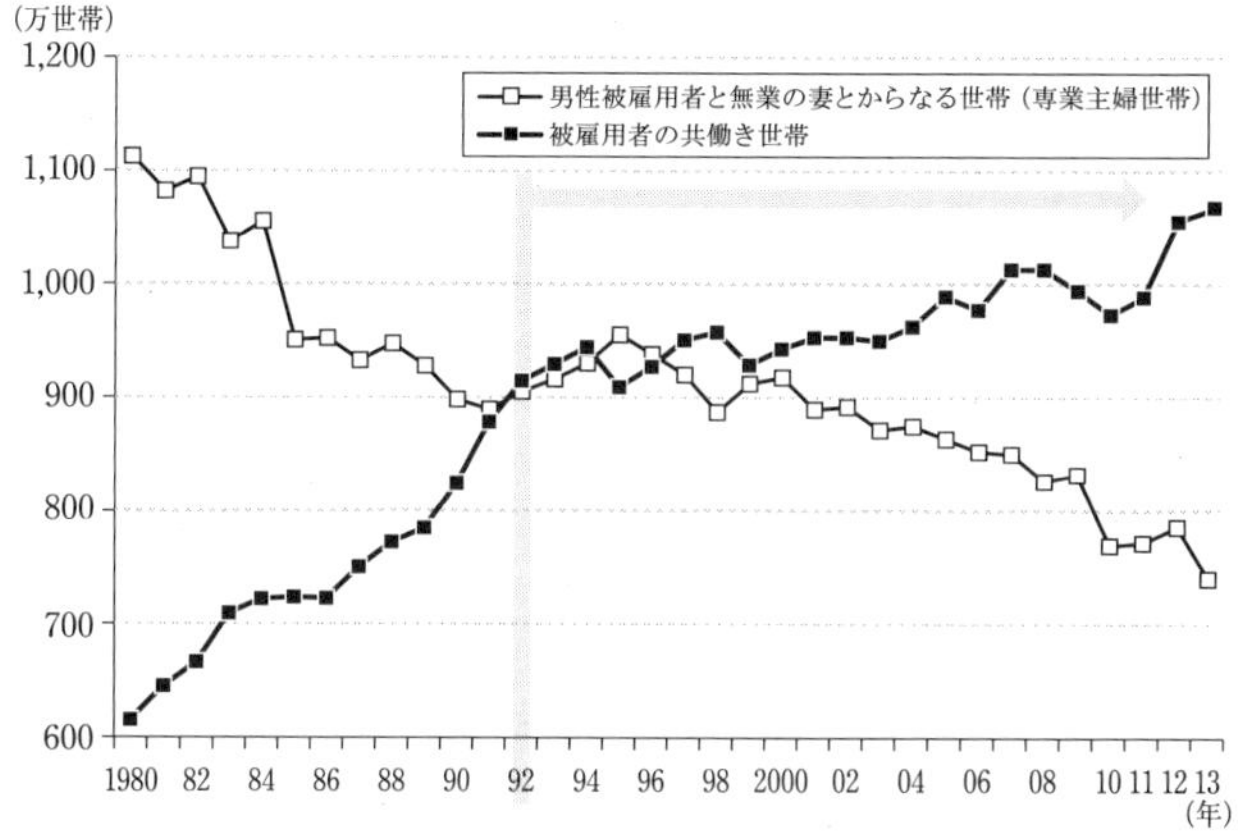

（注）2001年までは労働力特別調査の2月（一部3月）データ。2002年以降は労働力調査（詳細結果）の年平均データ。ここで被雇用者とは非農林業被雇用者、無業とは非就業者のこと。

出典　内閣府「男女共同参画白書」

システム化が進んでいますから、そういうこともなかなか期待しにくい。

さらに、序章の中で、１９９２年は統計上初めて共働き世帯の数と専業主婦世帯の数が逆転した年だと書きました。それは言い換えれば、「子どもが放課後、家に帰っても親がいない世帯」が主流になったことを表していると思います。核家族化も進んでいますから、おじいちゃんやおばあちゃんもいない、という家庭が多いのではないでしょうか。

子どものための一人部屋がある家庭では、子どもが家に帰ると、自分の部屋に直行。家族と会話を交わさず、ゲームなどでずっと時間を潰せてしまう。そういう生活の中で、家族のつながりが希薄化していた、というケースもあるでしょう。

つまり、昔は、家族や地域の人々がつながっているのが当たり前の時代だった。みんなが支え合いながら生きている時代だった。それが現在では、求めなければ、つながりを得にくい時代になっている。

そういうことを幼少期から身にしみて感じているから、つながりを求めたり、感じたり、確かめたりすることに積極的な若者が今これほど多いのではないかと思います。

「リア充」と「ぼっち」の二極化

地域に住んで生活しているだけで、自然と人とのつながりを得られる時代ではなくなった一方で、ラインやSNSといったコミュニケーションツールの発達により、つながりを広げようと思えば、いくらでも広げられる時代になった、というのも、今時の若者たちが育ってきた環境だと思います。

その結果として起こっているのが、コミュニケーション能力が極端に高い若者と極端に低い若者の二極化という現象です。

これは私が講師を務めるセミナーにいらっしゃる、企業の人事を担当されている方々からもよく聞くお話ですが、今時の若者には、どんな人が相手でも非常に上手くコミュニケーションが取れる人がたくさんいます。大学生とは思えない受け答え、相手に応じた臨機応変な対応ができる。

一方では、慣れない相手とはちょっとした会話すら難しい、という若者もたくさんいる。こうした二極化が進んでいるのは、求めなければつながりを得にくい時代であるがゆえに、コミュニケーションの機会に膨大な差ができていることが原因だと私は考えています。

この傾向はまた「リア充」と「ぼっち」の二極化と言い換えてもいいかも知れません。リア充と呼ばれる若者が、一週間でよくこれだけたくさんの人と会い、ラインやＳＮＳで何百件ものやりとりをし、たくさんのイベントをこなせるものだと感心させられるような充実した毎日を送っている一方で、ぼっちと呼ばれる若者は、一週間誰とも話さないことが日常だったりします。

「一人カラオケ」と「ぼっち席」――つながりからの解放と孤独感の解消

「一人〇〇」の流行は、そうしたリア充とぼっち、双方の需要を満たしているのではないでしょうか。

なかでも、一人カラオケ（ヒトカラ）をする人たちのことを「ヒトカラー」と呼ぶそうです。

リア充な若者たちは、四六時中、仲間とつながり続けているので、たまに一人になりたくなる。そういうとき、カラオケボックスに入って、スマホを気にせず、好きな歌を好きなだけ歌う（ちなみに、ヒトカラのコツは、歌う曲のリストをあらかじめメモっておくことだと聞きました。友達が歌っている間に曲を選ぶという時間がないので）。

ぼっちな若者たち、たとえば、実家暮らしの大学生や高校生たちは、あまりにも早く帰宅すると、家族から友達がいないのかと心配されてしまうので、カラオケボックスで時間を潰す、ということがあるそうです。

私も先日、最寄り駅近くのカラオケボックスに一人で行ってみたのですが、受付のところにあるノートをパラパラとめくってみると、利用者人数が一名となっている欄がたくさんありましたし、店員さんに「一人です」と告げても、ごく普通のこととして対応されました（私も堂々と振る舞おうとしたのですが、さすがにドリンクを運ばれてきたときは、恥ずかしかったです）。

近年では、一人カラオケ専門の店も増えています。

「ぼっち席」の増加も、同じ文脈で説明ができそうです。

「ぼっち席」というのは、大学の食堂などにある、衝立《ついたて》が設けられ、人からの視線を避けられる席のことで、一人で食事をしたい学生が利用します。

今時の若者たちの間では、いかに多くの人とつながっているかがステイタスになっている面があるので、ぼっちでいるところを見られたり、リア充な学生たちを横目に一人で食事をしたりするのは、つらいことです。

大学の食堂に増えている「ぼっち席」

一方、リア充な学生たちも、時にはつながりから離れて、一人で食事をしたくなる。

双方のニーズに応える形で、ぼっち席をつくる学食が増えているのではないかと思います。

若者たちが「つながり疲れ」から解放されるために、ＳＮＳ上で行っていることもいろいろとあるのですが、それは第6章「新世代の『友達』感覚」の中で書くことにしましょう。

つながりをサポートする「いじられ役」

若者たちの「つながり願望」をマーケティングに活かすには、どのような戦略が有効でしょうか?

一つのポイントは「いじられ上手」ということだと私は考えています。

組織論では「組織の結びつきを強めるには共通の目標が必要」ということがよく言われますが、共通の「目標」ではなく「いじる対象」がある場合にも、みんなが同じ方向を向きやすくなりますよね。

仲間たちのつながりが強いコミュニティ、あるいは、強い一体感を感じられる時間を思い浮かべてみてください。

上手い「いじられ役」が存在するのではないでしょうか? その存在をみんなが話題にして盛り上がれる。

その「いじられ役」が人である必要はありません。「面白いものを見つけたよ」と仲間の誰かが持ってきた商品、動画、記事、情報といったものでもいいはずです。

つまり「いじられ上手」なネタ。それを若者たちに提供しようとすることが、彼らのつながりをサポートしつつ、シェアされやすい商品や広告をつくることにつながります。

シェアしたくなる動画「バイラルムービー」という手法

そうした広告の先駆け的な事例とも言えるのが、ナイキジャパンの「ＮＩＫＥ ｉＤ」という、色や形を細かく指定してオリジナルシューズをつくれるサービスに注目してもらうきっかけとして制作されたウェブ動画です。

街が悪者に襲われている……というわけでもない秋葉原に、なぜか現れた戦隊もののヒーローのようなカラフルな集団。彼らに囲まれて困惑し、逃げるサラリーマン風の男性（もちろん、役者さんです）。繰り広げられる謎の逃走劇。戦隊ものヒーローは一人、また一人と増えていき、最終的には38人。ＮＩＫＥ ｉＤで選べる38色のヒーローが集結し、サラリーマン風の男性を新たな色のコスチュームに着替えさせ、加わった仲間を拍手で迎え、またいずこかに走り去る……という動画で、最初はユーチューブに投稿されました（着替えさせるシーンでは、全裸になってモザイクがかかっている、という過激な内容でした）。

この動画は「ナイキがこんなことするの!?」という意外さもあって、公開から1ヶ月で25万回以上の再生回数を記録。若者たちに非常によくシェアされたのですが、それが一つのきっかけとなって、現在では、CMありきではなく、ウェブ動画を拡散させることによって消費者とコミュニケーションをはかる手法が日本でも確立されています（広告業界では「バイラルムービー」と呼ばれます）。

より最近の成功事例としては、サントリーの「忍者女子高生」——女子高生2人が、忍者のようにアクロバティックに街で追いかけっこをし、最後にCCレモンを飲む——やNTTドコモの「3秒クッキング」——あり得ない調理法で、あり得ない速さで料理をつくる。フルLTEの速さを表現するギミックになっている——などが有名で、それぞれ公開から約7ヶ月間で710万回以上、約3ヶ月間で1260万回以上という再生回数を記録しています（2015年2月現在）。

無理に広告を見せるのではなく、シェアしたくなる動画をつくる、という発想です。

「SNSにアップしたくなる商品」という発想

商品設計に「いじられ上手」な要素があって、成功した事例としては、キリンビールの

「フローズン〈生〉」が挙げられるでしょう。

文字通り、ビールの泡の部分を細かい氷の粒子でつくったソフトクリーム状のものにした商品で、キリン直営店である「フローズンガーデン」をはじめ、専用のサーバーを設置した全国複数の店舗で飲むことができます。

この商品開発の原点になったのは「いかに写真映えするビールをつくるか」という発想だったそうです。

若者たちが飲食店にお酒を飲みに行っても、生ビールというのは、どうしても被写体として面白くないですよね。どこで撮っても、同じような写真になってしまうし、特に泡が消えてしまった後は、もっと写りが悪い。

凍った泡の形も楽しめる
フローズン〈生〉

どうすれば、その問題を解決して、若者たちが写真を撮りたくなる、ツイッターやフェイスブックに写真を掲載したくなる、フォトジェニックなビールをつくれるか、というところから「フローズン〈生〉」の開発が始まりました。

もちろん、おいしさや泡を凍らせることによる新食感、冷たさの維持、といった要素にも気を配った商品設計になっているのですが、そこが出発点ではなかったそうです。

直営店「フローズンガーデン」は、スターバックスのように席を自由に選ぶことができます。好きな席に「フローズン〈生〉」を持っていって、凍った泡の意外性をネタとして、仲間たちと盛り上がり、写真に撮ってSNSにアップし、その場にいなかった人たちともコメントで盛り上がる。

そうした「いじられ上手さ」が、この商品がヒットした理由だと思います。

第2章では、若者たちの「つながり願望」に焦点を当て、それを商品設計や広告コミュニケーションに活かすポイントを考えてみました。

しかし、今時の若者たちには、それだけでは攻略しがたい難しさもあります。

それが第3章のテーマ「ケチ美学」。

賢くケチることが美学にすらなっている若者たちのマインドです。

第3章 ケチ美学

――「消費しない」ことで高まる満足感

お金をかけたいものがないから貯金になる

若者関連事象の分析から抽出した「五つのマインド」のうちの三つめ、これを「ケチ美学」と名付けました。

「いかにお金を使わないか」「安く済ませるか」にこだわることは、しばしば「ケチ」というネガティブな言葉で表現されますが、それは今時の若者たちにとって、むしろポジティブなことになっているところがあります。

お金をかけずに済ませられるなら、かけない方が良い。お金を使わなければ、使わないほど満足感が高まる……という価値観です。賢くケチることが、美学にすらなっている。

昔は「高いものほど良いものだ」という価値観があったと思います。それゆえに、高校生から大学生に、大学生から社会人にとライフステージが上がっていくときに、より高いものを買おうとする。

私がADKに入社したばかりの頃、初任給で腕時計を買ったのですが、その話を社内でしたら、先輩からこう言われたのを覚えています。

「いくらしたんだ？」

「5万円です」

「もっと良いのを買えばいいのに」

１９８０年生まれの私でも、自分で気に入ったものが良いものであって、高いものほど良いものだという感覚はほとんどないのですが、今時の若者たちはもっとはっきりとないでしょう。同じことを言われたら『え、なんで?』と思うのではないかと思います。


12ページのグラフを見てください。今時の若者に「お金をかけたいものを教えてください」という調査を行ってみると、トップに来る項目は「貯金」です。

将来が不安だから貯金をするのかというと、必ずしもそうではありません。また、お金が好きだ、というわけでもない。

彼らの声を聞いてみると、「高いお金を支払ってまで買いたいものがない」「海外旅行に行きたいとも思わない」「お金をかけたいことがないから、必然的に貯金になる」といった答えが返ってきます。

賢い消費を積み重ねた結果、貯金が少しずつ増えていく、という面があるのです（また、「工夫して節約することが、賢い感じがして気持ちがいい」といった声も聞きます）。

図6　若者ほど中古への抵抗感が低い

Q. 洋服や小物などを買うとき、中古で買うことに抵抗はありますか?

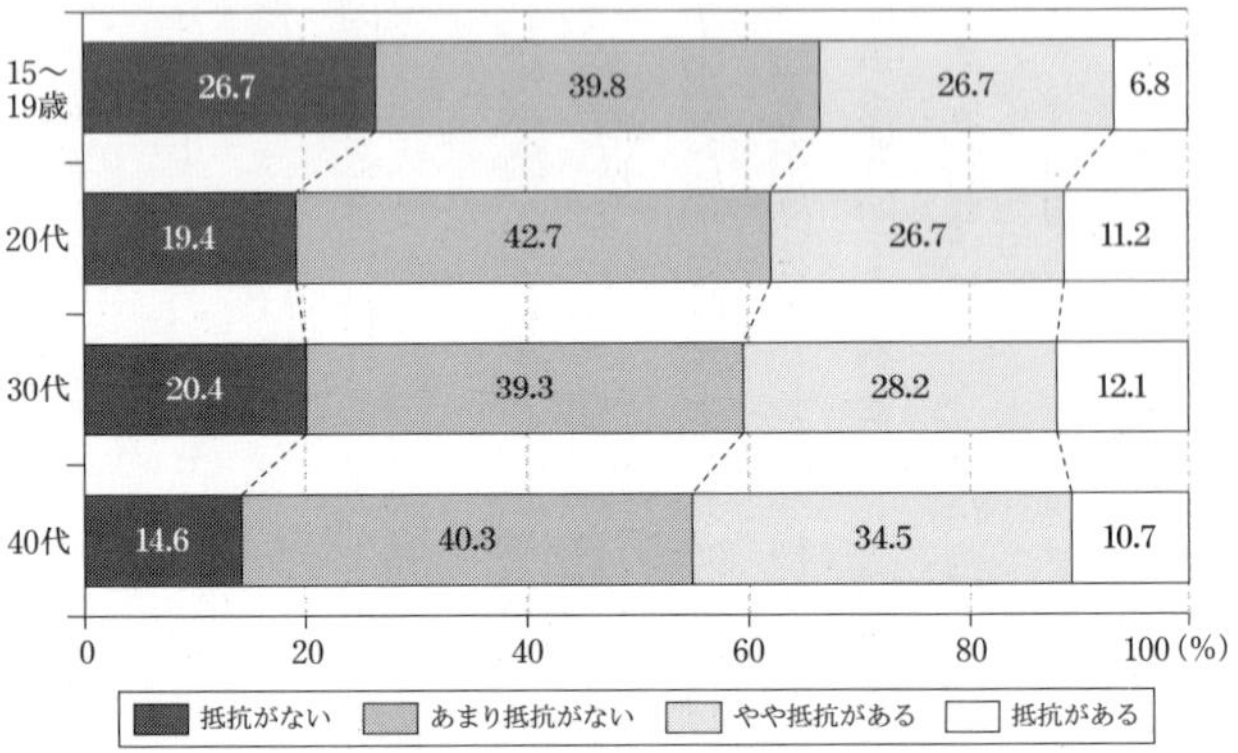

出典　ADKオリジナルweb調査(2014年10月):全国15～49歳の男女836名

第1章「チョイスする価値観」の中で触れた「ユザクロ」という事象にも、若者のこうしたマインドが表れています。

高級なブランド品を買うより、ユニクロで買って、ユザワヤで刺繍《ししゅう》する方がいい。古着屋やフリーマーケットなどで安く仕入れ、自分らしくコーデできたら、すごく満足感が高まる。

上図のように、中古品に対しても、若い世代ほど抵抗感がなくなっています。

「レンタル高級品」――買わずに借りる

所有欲の少なさ、というのも、今時の若者たちの特徴です。

たとえば、一生に一度の成人式、大学の入

学式・卒業式、あるいは、友達や先輩の結婚式。そういう晴れの舞台があるとき、昔の価値観では「せっかくだから、晴れ着を買おう」と考えたと思います。

今、そういう考え方をするのは若者たちの親で、本人たちには、そういうマインドはあまり見られません。

「たまにしか使わないのだから、借りよう」と考える人が多いと思います。

「レンタル高級品」の流行も、こうしたマインドを反映していると言えるでしょう。高級なドレスやバッグなどを身につけてみたい。でも、買わなくていい。たまにしか使わないし、買って似合わなかったらもったいないし……という合理的な考え方です。

ユニークな事象としては、「試着ファッションショー」も、大学生を中心として若者たちに流行っています。

アパレルショップや古着屋などを回るのですが、買わないと決めた日は、基本的には買いません。店員の許可を得て、試着だけさせてもらい、それを友達同士で見せ合ったり、写真に撮って、SNSにアップしたりする。その服を所有することよりも、着て満足、写真に残せればいい、といった感覚なのだと思います。

私も大学生たちをリサーチしていて驚いたのですが、女性だけでなく、ファッション好きな若い男性たちにも「試着ファッションショー」を楽しむ人がいるそうです。

「カーシェアリング」「相乗り」「シェアハウス」――見栄のための消費を嫌う

自動車というアイテムに対する考え方にも、若者と上の世代との違いが現れていると言えるのではないでしょうか。

上の世代にとって、自動車は単なる移動手段ではなく、ステイタス・シンボルになっている面があると思います。社会人になったら、マイカーを持ちたい。できれば、高級車を買って、自分がある程度以上の経済力を持っていることを示したい。そういったマインドがあったと思います。

これはよく言われていることですが、今時の若者たちは、そういう「見栄のための消費」を嫌います。

お金をかけてまで、無理な背伸びをしたくない。マイカーを持つとしても、自分にとって手頃な車でいい。都会に住んでいて使う機会が少ないなら、持たなくてもいい。

こうした若者のマインドを背景として、好みに近い車種を選んで、使いたいときだけ借りる「カーシェアリング」が普及していますが、もっとお金をかけない方法としては「相乗り」も人気です。

たとえば、二人でスノーボードに行くとき、都内から雪山まで車で移動したい。でも、二人とも車を持っていないし、レンタカー代もけっこう高いのでもったいない。そんなとき、同じ目的地に四人で行けば、レンタカー代もガソリン代も半分で済みます。

あるいは、同じ雪山にマイカーで行く人に乗せてもらえば、レンタカー代もかからないし、マイカーで行く人にとっては、ガソリン代などを割り勘できる同乗者が増えることで、経費の節約になる。

そういう発想で、レンタカーをシェアする仲間や同乗させてくれる人・同乗したい人を「相乗り掲示板」などで募集します。

初対面の人と車という密室で一緒に過ごすのは、苦痛ではないのか、と思われるかも知れませんが、そういうハードルもあっさりと超えるのが、今時の若者たちです。

同様の発想から「シェアハウス」も普及しています。

キッチンもお風呂もリビングもある部屋に住もうと思ったら、かなり高い家賃を払わなければいけませんが、たとえば、四人で住んで家賃を四等分すれば、同じ家賃を払って一人で住むよりもずっと環境の良い部屋、場合によっては一軒家にだって住むことができる。そういうルームシェアを前提として、業者が入居者を募る物件が「シェアハウス」です。

その形態も、女性専用のものやプライバシーを重視したものなど、多様化、充実してきています。

ルームシェアという発想は昔からあったものですが、ルームメイトは、以前からの友達であったり、同じ大学に通う学生であったり、というケースが多かったのではないでしょうか。そうではなく、何の縁もなかった他人同士が住む場所を共有する。場合によっては、複数の男女が一つ屋根の下に暮らす（私の周りにも、男性3人女性1人でルームシェアしている後輩がいました）。

そういうことへの心理的な障壁が低くなっているのも、今の若者たちの特徴だと思います。

「ハイボール」「ストロング缶」「センベロ酒場」——同じ酔うなら安く酔いたい

外食に関する「ケチ美学」としては、近年、若者たちの間でハイボールがブームになりましたよね。

その理由として、もちろん「おいしいから」ということもあるのですが、それ以上に「安く酔える」ということが大きいようです。

安い居酒屋でも、生ビールを注文すると１杯４００〜５００円はするところをハイボールなら２８０円、３００円といった値段で済む。それなら、そっちの方が良い、というコスパ意識です。

アルコール缶飲料で「ストロング缶」が流行っているのも、同じ理由からだと思います。

同じ酔うなら安く酔える方がいい。こうした意識を持つ若者たちには「センベロ酒場」も人気です。１０００円でベロベロになるまで酔える酒場の略で「センベロ酒場」。

名前の通り「つまみ1品と1時間飲み放題のセットが１０００円」というサービスがある酒場や「冷蔵庫に入っている何十種類もの日本酒が２０００円で飲み放題」「料理もお酒もすべて１００円」といったサービスがある酒場など、同じ「センベロ酒場」でも内容はさまざまです。食べ物が持ち込み制になっているところもあります。

もっとコストパフォーマンスを重視したお店としては、客自身が厨房《ちゅうぼう》で料理をつくって、それをつまみにして飲むという酒場もあり、これも若者たちに人気です。

たとえば、冷蔵庫にあるトマトやキュウリといった食材に数十円から百数十円程度の値札が貼られていて、それを選んで厨房に行き、自分たちの食べたい料理をつくる。お勘定のシステムは完全に性善説で、使った食材の値札をボードに貼っていき、最後にそれを合計します。

人件費を安く抑えて、その分をお酒の安さで還元する、というビジネスの構造です。安い酒場というと、東京では新橋などがイメージされがちかも知れませんが、池袋、新宿、渋谷、吉祥寺といった若者が多い街にも「センベロ酒場」は増えています。

第2章で触れた「宅飲みの増加」は、こうした文脈からも説明することができるでしょう。安い酒場で飲むよりも、自宅で飲めば、もっと安く酔える。みんなで料理をつくって、それを食べながら飲めば、イベント感も味わえる。「つながり願望」＋「ケチ美学」です。

「イエナカ消費」「弁当男子」「水筒男子」――外でお金をかけたくない

「イエナカ消費」というのも、若者たちに顕著な消費の傾向になっています。

三つ星の美味しいレストランで食事をしたり、夜景の綺麗なバーで飲んだりするよりも、家の中で、仲間たちと気兼ねなく、快適に過ごす方がいい、というマインドに変わってきたということです。

そのためのカラフルなキッチン用品やインテリアグッズ、可愛くて着心地の良い部屋着などが人気になっていますし、コンビニやスーパーの宅配サービス、大手酒販店が提供するビールを一本からでも宅配してくれるサービスなど、デリバリーも非常に充実してきました。

「弁当男子」「水筒男子」という言葉も定着しつつあります。

遊びに行くとき、外食をしたり、弁当やジュースを買ったりすると、余計なお金がかかるので、自分で弁当をつくったり、麦茶をつくったりして、弁当箱や水筒を持って外出する。

女性は昔からそういうことをしていたと思いますが、今の若者は、男性でもそういうことをする人が少なくありません（第1章で触れたジェンダーフリーの傾向とも関係しているかも知れません）。

先日、ワカスタ・メンバーの学生たちとバドミントンをしたのですが、3人中2人が水筒を持ってきていました。

男性用の弁当箱や水筒も、機能性だけでなく、デザインも重視したものが増えています。

図7　GDPデフレーターと消費者物価指数の推移

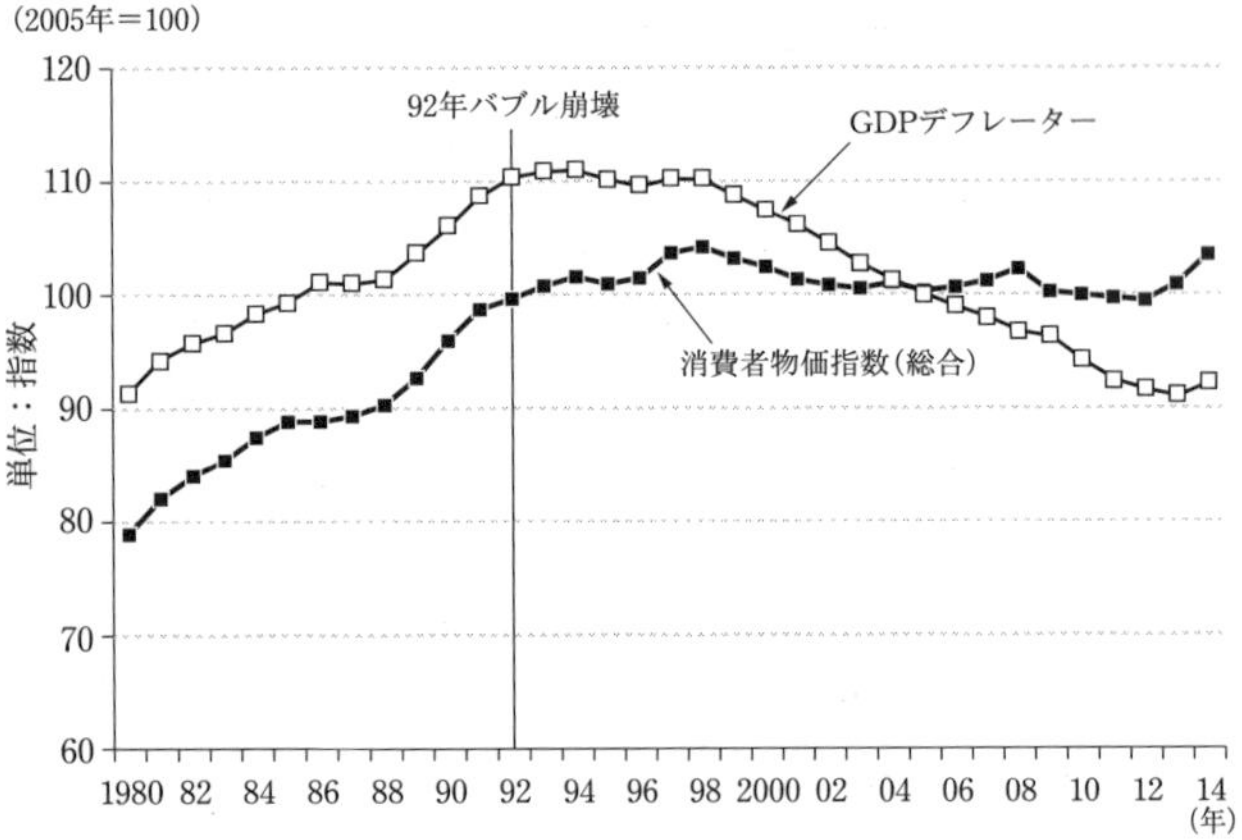

出典　IMF - World Economic Outlook Databases (2014年10月版)

消費意欲が芽生える中学時代からデフレ

今時の若者たちは、なぜこれほどまでに、合理性やコストパフォーマンスを重視するのか。

それは「さとり世代」や「嫌消費世代」に関する論考の中でもよく言われていることですが、消費意欲が芽生える中学生、高校生の時代にデフレを体験したことが大きい、と私も考えています。

日本では1992年のバブル崩壊前後から、GDPデフレーターの増加率が縮小し、95年頃からマイナスに転じています。

本書での定義による「若者たち」が中学生になったときに、日本はすっかりデフレ社会になっていた、ということです。

企業の業績悪化で親が愚痴をこぼすのを聞いていたり、そこまでの状況でなくても、家庭で「節約しなさい」と言われて育った人も多いのではないでしょうか。そのため、贅沢《ぜいたく》することは「悪」だと感じて育った若者が少なくないと思います。

一方で、企業の側は「安さ」を売りにしようとし、低価格商品の品質向上やバラエティ化に努めるようになりました。「より良い品をより安く」をモットーとするドラッグストア「マツモトキヨシ」のブーム、「100円マック」に代表されるファーストフードの値下げ競争、ダイソーやセリアなど100円ショップの隆盛……。

こうしたデフレ社会を背景として、「お金は使わなければ使わないほど良い」「安くても良いものは手に入る」という、今時の若者たちの「ケチ美学」が育《はぐく》まれたのだと思います。

納得してお金を払う「イイワケ」が要る

こうしたマインドを持つ若者たちの心を捉えるには、どんなマーケティング戦略が有効でしょうか。

そのポイントを私は「イイワケ（良い理由）」という言葉で表現しています。

お金を使わないことで満足感が高まる若者たち。彼らに「買ってもいい」と思ってもらうには、ただコストパフォーマンスの高い商品を提供するだけでなく、「こういう良い理由があるから、お金を使ってもいい」と感じてもらう工夫も大切になります。その「良い理由」が若者たちにとって自分を納得させる言い訳にもなる、ということです。

そこに力を入れることで、若者たちを動かすことに成功した商品に「ちふれ化粧品」があります。

これはもともと低価格の割に品質が良い、コストパフォーマンスの高いブランドだったのですが、安かろう悪かろうのイメージを持たれてしまっている感もありました。

そのため、若者にとって買いやすい価格帯の商品であるはずなのに買ってくれない、という悩みがメーカー企業側にあったのでしょう。

そこで展開されたのが「だいじなことだけ。」をキーワードとするキャンペーンです。

パッケージでも広告でも、ラグジュアリー感（贅沢感）やステイタス感を出そうとするのではなく、「ケチ美学」を持つ若者たちを意識して、極力シンプルにし、なぜこんなに安いのか？　それは（たとえば、美容液であれば）、保湿と美白のために大事なことだけにこだわったから、という「イイワケ」、それだけのお金を使ってもいい理由をアピールすることに徹しました。

もちろん、化粧品を買うとき、パッケージの高級感や香りの良さに惹かれる消費者もたくさんいるとは思いますが、そういう層は思い切って捨てた。そこが「ケチ美学」を持つ若者たちの共感を得られ、ブランドの若返りをはかれたポイントだったと思います。

さらに、今時の若者たちの進化形とも言える大学生、高校生になると、いかに安く手に入れるかだけでなく、「無料」で手に入るものがある、ということも熟知していて、そのマインドをマーケティングに活かす戦略が別にあるのですが、それは第9章で触れることにしましょう。

第3章では、お金を使わないほど満足感が高まる、今時の若者たちのマインドについて説明しました。

次章のテーマは「ノット・ハングリー」。失われた三つの飢餓感についてです。

第4章 ノット・ハングリー

——失われた三つの飢餓感

物質的にもっとも満たされた時代に生まれた世代

今時の若者たちは、全体的な傾向として、あまりガツガツしていない。良くも悪くも、大人になっている。そういうマインドを「ノット・ハングリー」という言葉で表現しました。

本書の読者には、若者も、若者というよりは少し上の世代の方々もいると思っているのですが、上の世代の方々は、10代、20代だった頃のことを思い出してみてください。

いろいろなことに対して、飢餓感を持っていたのではないでしょうか？

みんなが憧《あこが》れるブランド品がほしい、腕時計が欲しい、バイクや車が欲しい、という「物」に対する飢餓感。

彼女が欲しい、彼氏が欲しい、という「恋愛」に対する飢餓感。

自分らしさを表現したい、自分たちはこういう人間だと分かってほしい、という「社会」に対する飢餓感。

こうした「物」「恋愛」「社会」に対する飢餓感は、簡単には満たされないからこそ強まり、それへの渇望が、ギラギラとした若者のハングリー精神になっていたと思います。

それに対して、今時の若者たちを取り巻く環境はどうでしょうか？

まず「物」に対する飢餓感。これも若者の消費に関する論考でよく言及されていることですが、「失われた20年」を生きてきた彼らは、同時に、80〜90年代の日本という、経済発展し尽くした、物質的にもっとも満たされた時代に生まれてきた若者たちでもあります。テレビや冷蔵庫、電子レンジといった基本的な家電製品はもちろん、パソコンや携帯ゲーム機、音楽プレイヤーなども、物心ついた頃には家にあった、という家庭が多いのではないでしょうか。

そして、中学校に上がる頃には始まっていたデフレ社会の中で、お金をかけなくても、良いものは買える、頑張って手に入れなくても、頑張らずにレンタルしたり、シェアしたりすればいい、という感覚を身につけてきた。

それゆえに、そもそもの物欲があまり強くは育たなかった、という面があると思います。

また、これは第5章「せつな主義」のテーマでもあるのですが、昔、日本が右肩上がりの経済成長を続けていた時代に人格形成期を過ごした世代には、「努力すれば報われる」という価値観があると思います。

今時の若者たちには、そういう価値観があまりありません。努力が自分のためになるとは限らないし、真面目《まじめ》に頑張れば頑張るほど馬鹿を見ることもある。それよりも「ほどほどに頑張って、ほどほどの生活ができればいい」というマインドを持つようになっています。

それが「物」に対する飢餓感を失わせている面もあるでしょう。

出会いがありすぎて「一期一会」にならない

次に「恋愛」に対する飢餓感。

これは生理的なことが関係しているだけに、三つの飢餓感の中でも特に「抑圧されるほど強くなる」という傾向があると思いますが、今時の若者たちは、それを昔ほどは抑圧されていません。

私たちが子どもの頃には「異性と遊ぶのが恥ずかしい」という感覚がありましたよね。今時の若者たちは、そういう感覚がどんどん薄れていく中で、少年少女時代を過ごしています。男は男らしく、女は女らしく、という教育も、ほとんど行われなくなりました。

また、出会いの機会の豊富さも、今時の若者たちに「恋愛」に対する飢餓感を損なわせている一因かも知れません。

昔は、若者たちの出会いの場、出会いの機会が限られていたからこその「一期一会《いちごいちえ》」、この出会いをモノにしなければ、という渇望が生まれていたと思います。「これほど好きになれる人には、もう出会えないかも知れない。だから、何とかして付き合いたい」という切迫した気持ちです。

ところが今は、若者たちの出会いの機会が、ウェブにもリアルにもたくさんあります。ツイッターやフェイスブックなどのＳＮＳ、ラインを通じた出会い、ソーシャル・ゲームを通じた出会い、街コンや狩りコン、リアル脱出ゲームなどを通じた出会い……。いくらでも出会いがあるから、「今、どうしても付き合わなくてもいい。振られたり、付き合えても裏切られたりして、傷つくのは嫌だし」という感覚になりやすいのではないでしょうか。

実際の出会いだけでなく「出会えそうな感じ」が一期一会感を損なわせている面もあるかも知れません。

昔であれば、友達の知り合いにどんな異性がいるのか、ということは、紹介してもらって会わない限り、なかなか見る機会はなかったと思います。ところが今は、たとえば、フェイスブックなどで、友達の知り合いにどんな異性がいるのか、視覚的に知ることができてしまう。そのため、実際には出会っていない異性でも「その気になれば出会えそう」という期待感があり、ますます恋愛に対する飢餓感がなくなるのではないでしょうか。

「ときメモ」と「ラブプラス」の違い

「ウェブにもリアルにも」と書きましたが、ウェブでの出会い、リアルでの出会い、という区別をあまりしないのが、今時の若者たちのマインドです。

一昔前までは、ウェブでの出会いはリアルでの出会いに劣るような感覚がありましたが、今時の若者たちは、そこに優劣をつけたがりません。

もっと言えば、彼らには、バーチャル恋愛――いわゆる「中の人」がいない、恋愛ゲームのキャラクターとの妄想恋愛――でも満足できてしまう傾向が、上の世代よりも強くあると思います。

恋愛ゲームの内容には、時代ごとの若者のマインドが反映されているものですが、私が高校生、大学生だった90年代に流行ったのは、コナミの「ときめきメモリアル」というゲームでした。キャラクターの女の子をどうやって上手く口説き落とすか、という部分が遊びの要素になっていたゲームです。

これに対して近年流行っているバーチャル恋愛ゲームは、付き合って終わりではなく、「付き合ってから」にフォーカスが当てられています。

典型的には、同じコナミの「ラブプラス」がそうですが、たとえば、ゲーム内の二次元彼女に「いってらっしゃい」「ただいま」と挨拶《あいさつ》したり、ペンで頭を撫《な》でてあげたりすることで、キャラクターが喜んだり、顔を赤らめたりする。バーチャル恋愛を日々続けていくことにより、満足感を得ようとするゲームです。

つまり、恋愛ゲームのポイントが、口説き落とすゲーム性を楽しむことから、ゲームの世界での疑似恋愛を楽しむことへと変化している。

昔の常識では「そういうゲームに没頭するのはオタクだけ」という感覚があったと思いますが、今は違います。

勉強もバイトもサークル活動も頑張っていて、友達がたくさんいる、いわゆる「リア充」と呼ばれるような男の子、女の子でも、こうしたゲームにハマっている人が少なくありません。

なかでも特に、そういう女の子を表現する言葉として「妄想女子」という言葉も生まれています。

彼ら、彼女たちがよく言うのは「二次元は裏切らない」という言葉です。

これはもちろん、冗談めかして言っている面もあるのだろうと思いますが、案外、本音も含まれているのではないでしょうか。

本気で恋愛しようとすれば、自分らしさのぶつけ合いになるし、信じた人に裏切られるかも知れない。その結果、傷つく、というリスクを冒してまで、恋愛はしたくない。リアルでの人のつながりは、もっとゆるくていいし、恋愛はバーチャルでもいい……という本音です。

「ウィル彼」「三平女子」「女子会男子」――ドキドキよりも安心が欲しい

リアルで好きな人がいても、彼氏・彼女の関係にまではならなくてもいい（恋愛気分だけ味わえればいい）という傾向も、今時の若者たちにはあると思います。

それが表れているように感じられるのが「ウィル彼」という言葉です。まだ彼氏ではないけれど、その気になれば付き合えそうなくらい仲が良い。そういう関係にある男子を指して女子が使う言葉です。

そこまでの関係になっていたら、上の世代であれば、早く付き合いたい、自分だけのものにしたい、と考える人が多いのではないでしょうか。

ところが、今時の若者たちは、必ずしもそこまでの進展を望みません。「ウィル彼」くらいの幸福感で止めておこう、この関係性を壊したくない、という傾向があります。

男性の方も、そこまで恋愛にガツガツしていない（ただ「草食化」している、というだけではなく、友達がみんなSNSでつながっている時代なので、告白して振られたり、付き合って別れることになったりしたときに、情報がダダ漏《も》れになってしまう。だから、結婚するくらいの覚悟がないと、付き合えない、ということを言う男子が少なくありません）。それゆえに「ウィル彼」以上の関係に進まない、という面もあるのではないでしょうか。

婚活でも、昔は「高身長・高学歴・高収入」の「三高《さんこう》」が、女性が求める理想的な男性の条件と言われていましたが、今時の若い女性たちが男性に求めていると言われているのは、「平凡な容姿・平均的な収入・平穏な性格」という「三平《さんぺい》」です。

三高の男性と結婚して、リッチな生活をしたいとも、見栄を張りたいとも思わない。それよりも、平均的な男性と結婚して、ずっと安心していたい（モテる人と付き合うと疲れる、というのも、今時の若者からよく聞く言葉です）。

そういうマインドが今、若い女性たちにはあると思います。

「女子会男子」というのも、近年の特徴的な若者関連事象です。

そもそもの「女子会」というのは、大手居酒屋チェーンが、同じ価格で飲み放題・食べ放題プランを用意しても、女性の方が飲む量も食べる量も少ないということに目をつけ、その分、設定時間を長くした「女子会プラン」を提供したことがブームの火付け役となったのですが、女性だけで長時間本音トークを続けていると、内容がきつくなりすぎてしまうことがあるそうです。

それをやわらげる存在として、男性を一人だけ混ぜておく、という女子会が、若者の間でよく行われています。

男性の数を増やすと合コンになってしまう。合コンは、男ウケを考えなければいけなくて疲れるから、男性は一人だけでいい。

もちろん、どんな男性でもいいわけではありません。女性に対する気遣いができ、その場にいても過度な緊張感を生まない男性が「女子会男子」として選ばれているようです。

そういう場に向く男性が増えているのも、今時の若者たちの特徴だと思います。

なぜ不良が減ったのか？

「恋愛」に対する飢餓感が失われていることの説明が長くなりましたが、次に「社会」に対する飢餓感はどうでしょうか？

昔の若者たちが、不良になったり、暴走族になったり、竹の子族のようなストリート・パフォーマーになったりしていたのは、「社会や大人たちへの反抗」という側面があったと思います。

優等生になることを求めて、個性を抑圧してくる社会や大人たちに対して、「自分たちは悪いことをしてない」「好きな服を着ているだけ」「もっと自分らしくありたい」といったフラストレーションを募らせていた。

ところが、今時の若者たちは、そもそも優等生になることをそこまで求められていません。求められているとしても、その優等生像は一つではない、一人一人の個性を伸ばしていきましょう、という教育を受けています。学校の先生たちも「自分らしさって、何だと思う？」と聞いてくれたりする。

また、個性を表現しようと思えば、その方法はいくらでもあります。特にネットの世界では、大人と同じ土俵で、個性をアピールすることができ、それを不特定多数の人たちに評価してもらえる。

そういう環境で思春期を過ごし、今も生きている若者たちには、昔の若者たちのような、抑圧されていることによるフラストレーションがそもそも少ないのではないでしょうか。それゆえに「社会」に対する飢餓感も弱くなっているのではないかと思います。

「何でもあった世代」でも見たことがない新しさ

何事に対してもガツガツしていない、今時の若者たち。ノット・ハングリーな彼らを動かすためには、どんなコミュニケーションが有効でしょうか?

そのポイントは「常識はずれ」ということではないかと私は考えています。

たとえば、化粧品の広告は、みんなが憧れるようなモデルや女優さんを被写体として、ビジュアルにもこだわり、より美しく、かっこよく見せる、というのが基本です。

こうした手法は、今でも上の世代には有効なのですが、今時の若者たちには冷めた目で見られてしまうところがあります。「それ、普通のことだよね」という感覚です。

彼らの心を捉えるには、もっと「何これ、面白い!」と思ってもらえるような新しさが必要だと思います。

物心つく頃には何でもあった彼らでも、見たことがないような異質感があるもの、常識はずれなもの。

そうしたコンセプトの広告コミュニケーションで成功した事例として象徴的なのが、2007年発売というやや古い事例になりますが、ラブラボの「美肌一族」です。

この商品は、化粧品でありながら、発売に先駆けて『美肌一族』という挿絵風コミック付き携帯小説を配信。その内容がまた、商品のオマケといったレベルではなく、美肌界の頂点に君臨する「美肌家」の人々による「愛と美の純愛コスメティックストーリー」という壮大、かつ、ぶっ飛んだもので、まずは携帯小説として話題になりました（後にアニメ化もされています）。

そして、携帯小説配信の翌年から「その美肌家の人々が使っている美肌グッズ」として販売を開始。主力商品であるシートマスクは、小説を配信した携帯サイトで限定販売した際、1日で6万個を売り上げるというヒット商品になりました。

良い意味で常識はずれ感、一風変わった商品、「なんだ、これは！」と驚かせるようなアプローチを考えていくことが、今時の若者たちには有効にワークする、という事例です。

第2章で紹介した「フローズン〈生〉」の成功にも、そういう要因があります。泡を凍らせるという今までにない発想に、若者たちは驚きました。その写真がSNSなどに頻繁にアップされたのは、単に「写真映えするから」というだけでなく、若者たちにとって発見感のある、常識はずれなものだったからでもあります。

情報過多の時代に存在感を示す工夫

より意表を突いた例としては、ローソンの「スライムまん」、赤城乳業「ガリガリ君リッチ　ナポリタン味」なども、まさに常識はずれですよね。

食欲をそそらない色として知られる青い着色料をあえて使ったスライムの顔つき中華まん、「こんな味のアイスがあったらいいな」とは誰も思わなかったであろうナポリタン味のアイス……。

常識的に考えれば、なぜそんなものを商品化するのか分からないと思いますが、そういう「常識はずれ」なものだからこそ、ノット・ハングリーな今時の若者たちでも飛びつきたくなる。

「スライムまん」と「ガリガリ君リッチ　ナポリタン味」に関しては、それ自体の売上げは重視していないでしょう。それよりも、ローソンの店舗に足を運んでもらうこと、「ガリガリ君」というワードをSNSに書き込んでもらい、多くの人に思い出してもらうことが狙いだと思います（もちろん、安い価格帯だから、ここまでの冒険ができるのだと思いますが）。

今時の若者たちは、ガツガツしていないことに加えて、膨大な情報に囲まれて暮らしているので、普通の良い商品、広告を展開しても、なかなか気に留めてもらえません。その中で存在感を示すには、時には「常識はずれ」な挑戦が必要であることを示した事例です。

次章のテーマは「せつな主義」。

本章で説明した「ノット・ハングリー」と少し重なるのですが、「将来のために今を犠牲にしたくない」というマインドを説明していきましょう。

第5章 せつな主義
——不確かな将来より今の充実

社会の恩恵を享受したことがない世代

数年前、若者の「スピード退職」が話題になったことがありました。

この傾向は今も続いていて、２０１３年に厚生労働省が行った調査によれば、約31パーセントもの（大卒の）若者たちが、新卒で就職した会社を3年以内に辞めています。宿泊業・飲食業に限定すれば、50パーセント近く、２人に１人は入社から3年以内に離職しているというデータです。

その背景には、雇用する企業側が、すぐに辞めてしまうことを前提として大量に採用しているから、という事情もあると思いますが、それだけではないでしょう。

より根本的には、若者の側に「努力すれば報われる」というマインドがないことに原因があると思います。

宿泊業・飲食業などは確かにつらい仕事だと思いますが、それは今に始まったことではないですよね。

昔の若者たちは、今の若者たちより我慢強かったのでしょうか？

そうではなく、昔の若者たちは「今のつらさに耐えれば、会社や社会が自分の将来を良いものにしてくれる」と信じられていたことが大きいのではないかと思います。

日本が右肩上がりの経済成長を続けていた時代には、社会全体がそれを実現させていました。

10年前より今の方が、みんなが豊かになっている。10年後はもっと豊かになっているだろう、と信じられる世の中が続いていた。

そういう時代を経験した人たちは、日本経済の低迷が続いている現在でも「バブル景気の再来はないとしても、そのうち今よりは良くなるのではないか。社会が何とかしてくれるのではないか」という期待を持てているのではないでしょうか。

しかし、バブル崩壊後の「失われた20年」の中で人格形成期を迎えた今時の若者たちは、そういう期待を持っていません。

彼らが多感な10代の頃に聞かされ続けていたのは、リストラ、倒産、失業、デフレ、社会保障制度の先行き不安……といった「社会がいかに頼りにならないものか」を象徴するニュースばかりです。

「社会の恩恵を享受したことがない世代」と言ってもいいでしょう。

そのような価値観を刷り込まれている若者たちが、「今のつらさに耐えたところで、将来報われるとは限らない」「会社や社会には期待しない」と考えるのは当然のことだと思います。

彼らが持っているのは「不確かな将来より今の充実」というマインドです。

「フニーター」という言葉も、近年、定着しつつあります。まったく働いていない、学校にも通ってもいないニートではないけれど、フリーターと呼べるほどアルバイトに励んでいるわけでもない。実家で暮らし、最低限の生活費を週2〜3日のアルバイトで稼いで、あとは好きなことをしている一部の若者たちを表現する言葉です。

将来のことを考えず、今の充実ばかりを求めようとする生き方を刹那《せつな》主義と言います。いつの時代にも、若者は刹那主義的なものだと思いますが、今時の若者は、特にその傾向が強いのではないでしょうか。そのマインドを、ここでは「せつな主義」と表現しました。

「若者ボランティア」の流行が意味するもの

一方で、今時の若者たちに働くこと自体を敬遠する傾向があるのか、というと、必ずしもそうではありません。

それを象徴しているのが「若者ボランティア」の流行です。

近年、若者たちのグループが自主的に、住んでいる街や観光地の掃除をしたり、若者が少ない集落に出かけて雪かきを手伝ったり、介護施設のお年寄りたちに楽しんでもらうための活動をしたりすることが、ほとんどブームのようになっています。

無償どころか、交通費などの経費を自己負担してまで、彼らがそういうことをするのはなぜでしょうか？

海外でボランティア活動する若者も

若者たちの声を聞いてみると、「ありがとうって言われるのが嬉しいから」「喜んでいる顔を見たいから」という答えが返ってきます。

ボランティアに関する意識調査（複数回答）でも、「なぜボランティア活動を行うのか？」という質問に対して、50代では「社会が良くなることが嬉しい」「困っている人が助かることが嬉しい」という理由が顕著に高いのに対して、20代では「自分の経験・知見を増やした

図8　世代別に見る若者のボランティア参加の目的

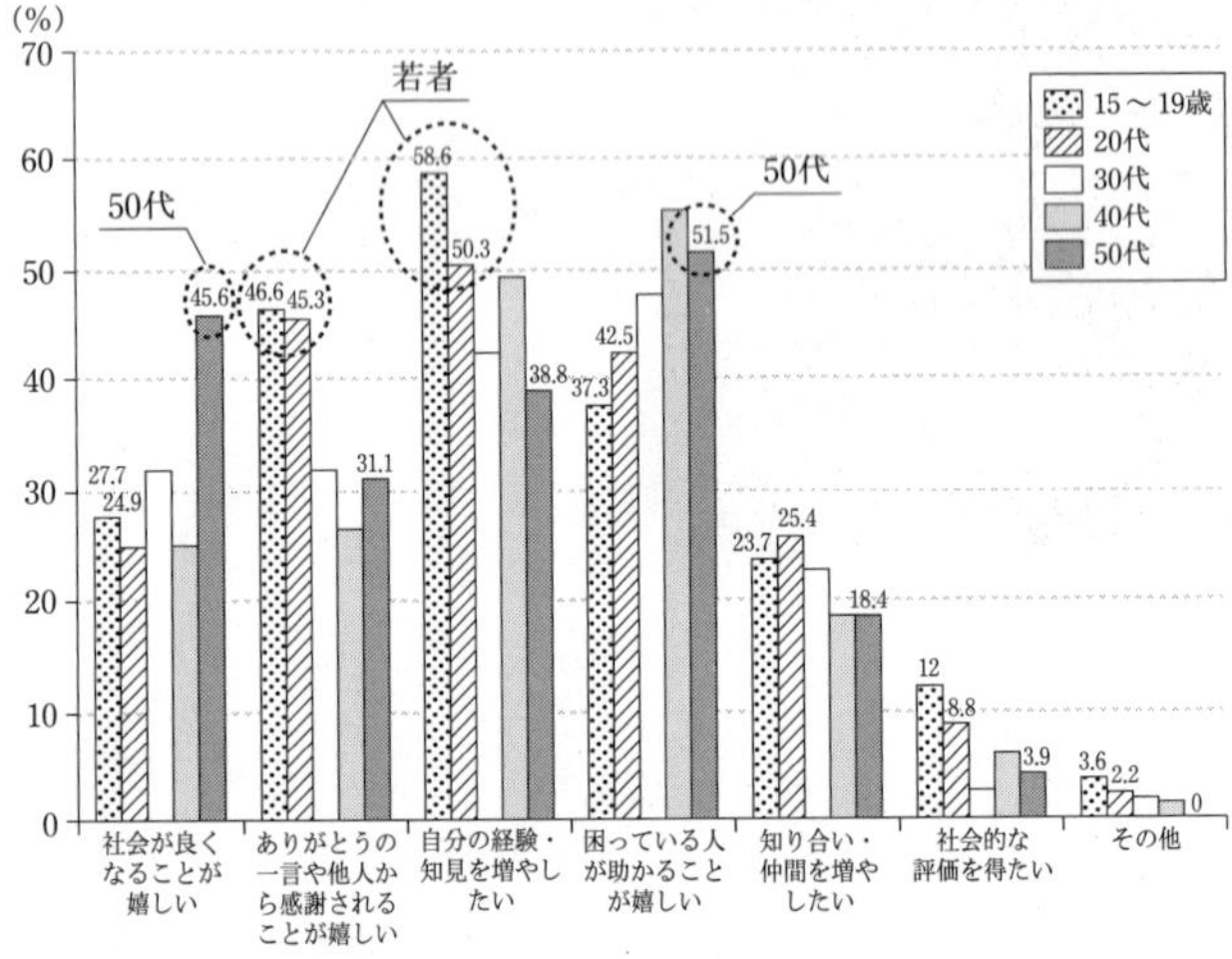

出典　ADKオリジナルweb調査（2015年2月）：全国15～59歳の男女2000名

い」「ありがとうの一言や他人から感謝されることが嬉しい」という理由が上位に来ます。

自己成長のために、というモチベーションに加え、「ありがとう」がほしい、ということも有力な動機になっている点が特徴的ではないでしょうか。

社会という、若者にとって自分との関係が分かりにくいものに貢献するよりも、働いた結果が自分のためになることをしたい、目の前にいる人からの感謝というレスポンスもほしい。

第2章で触れた、イベント事によって仲間たちとの「つながり感」を高めようとするマインドも関係していると思います。

みんなでボランティアをして、一体感を味わえたら嬉しい。相手から「ありがとう」と言ってもらえたら、もっと嬉しい。そのためになら、時間も労力も惜しまない。

第10章「つくし世代」で改めて説明しますが、今時の若者たちには、お金や将来のためより、そういう「仲間との一体感」や「感謝」の獲得を行動原理としている面があります。

尋常ではない「若者の献血離れ」

その彼らにとって大事になるのは、行動の結果が目に見える、すぐに反応が返ってくる、ということです。

次ページのグラフを見てください。

献血者数の推移を表したものですが、30〜60代までの献血者数が、この15年ほどの間で、横ばいかやや上昇しているのに対して、10代、20代の若者においては急激に低下しています。

１９９４年の時点では、20代の献血者数が、すべての年代の中で圧倒的な１位だったのが、２００８年の時点では、人数にしてほぼ半分になり、もともと少なかった50〜60代の献血者数と並んでいる。

図9　献血者数の推移

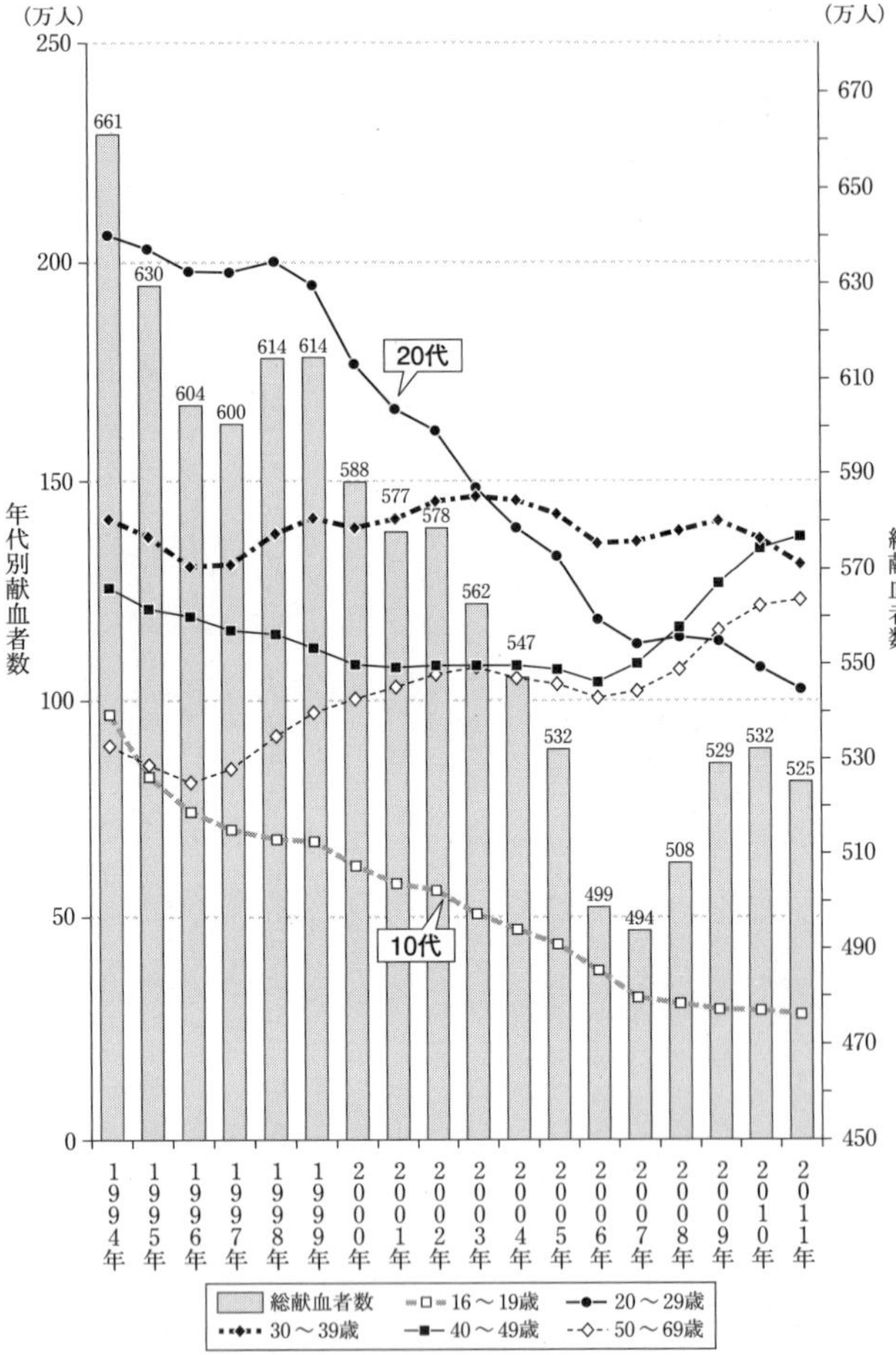

出典　献血者数の推移（厚生労働省）（http://www.mhlw.go.jp/new-info/kobetu/iyaku/kenketsugo/1b.html）を加工して作成

少子化で20代の若者の数自体が減っている、ということだけでは説明できない、尋常ではない「若者の献血離れ」です。

若者ボランティアがブームになる一方で、献血離れがこれほど進むのはなぜでしょうか？

その違いは、やはり「直接的なレスポンスの得やすさ」にあると思います。

献血というのは、自分の提供した血液が、どこでどう役立っているのか分かりにくいものですよね。

今時の若者たちは、結果が見えにくいこと、人からの感謝や笑顔といった直接的なレスポンスが得にくいことには興味を持たないので、あまり積極的になれない、ということではないかと思います。

農業に興味を持つ若者が増えているのも、こうしたマインドを反映してのことかも知れません。

農業というのは、本気で取り組もうとすれば、大変な作業の連続だと思いますが、自分がした作業の結果を実感しやすい仕事であると言えるかも知れません。

汗水を垂らして働いた分が、日々の作物の成長になり、花が咲いて、やがては実りの季節を迎える。それを収穫して、身近な人に提供すれば、「美味しい」と言ってもらえたりもする。

こうしたレスポンスの得やすさが、若者たちの農業ブームの一因だと思います。

「即レス願望」をマーケティングに活かす手法

若者たちの「せつな主義」というマインド全体をマーケティングに活かすのは難しい課題ですが、そこから、レスポンスの得やすさを求める傾向＝「即レス願望」を抽出し、広告コミュニケーションに活かすことはできそうです。

なかでも、近年、ポピュラーな手法として定着しつつあるのが、ユーザーが投稿した画像でモザイクアートを完成させるという、ユーザー参加型のキャンペーン。その成功例としては、たとえば、参天《さんてん》製薬「サンテＦＸネオ」の「キタ顔製作プロジェクト」が挙げられると思います。

「サンテＦＸ」シリーズには、織田裕二さんが点眼して「キターッ！」と叫ぶテレビＣＭ以来の「キタ顔」という資産がありますが、このプロジェクトでは、ユーザーに自分の「キタ顔」を撮影して投稿してもらい、それをモザイク状に組み合わせて、ＴＯＫＩＯの松岡昌宏さんのキタ顔で巨大パネルを製作するキャンペーンを行いました。

そのポイントは、投稿した全員の作品が起用されるようにしたこと、そして、製作中のパネルをメーカーのホームページ上で見られるようにしたことです。つまり、投稿した結果が「必ず」広告に反映されるようにした。

このキャンペーンは、非常に若者たちの注目を集め、最終的には１万人以上の「キタ顔」が集まりました。

完成したパネルは、六本木ヒルズのメトロハットをはじめ、全国複数の広告メディアに掲げられたのですが、探せば必ず投稿者の顔があるので、本人だけでなく、その友達も見に来る。若者たちが積極的にシェアしたくなる広告にもなりました。

モザイクアート・キャンペーンは、その後も続々と企画され、上手く消費者の心を捉えています。

最近では、ＥＸＩＬＥグループの26人が集結した「ＥＸＩＬＥ ＴＲＩＢＥ」のファーストアルバム発売を記念した「２万６０００人で作る　ＥＸＩＬＥ ＴＲＩＢＥモザイクアートキャンペーン」が話題になりました（このキャンペーンの場合には、好きなタレントのモザイクアートの一部になれる、という喜びもあると思います)。

こうした「即レス」を希求する若者たちのマインドを広告コミュニケーションに活かす手法は、前述の「若者の献血離れ」に歯止めをかける方法としても応用できるかも知れません。

第5章では、社会や自分の将来という不確かなもののために働くより、今を充実させたい、目に見える結果や誰かの喜びのために働きたい、と考える若者たちの「せつな主義」に注目しました。

次章からは、今時の若者の進化形とも言える、今時の大学生、高校生が持っている感覚や価値観、コミュニケーションのルールといったものについて説明していきます。

第6章

新世代の「友達」感覚

――リムる、ファボる、クラスター分けする

日本における「デジタルネイティブ世代」

本書では、ここまで「若者」という言葉を「1992年に小学校に入学した、2015年に30歳になる世代よりも若い人たち」というふうに定義してきました。

しかし、同じ30歳以下と言っても、アラサーの社会人と20歳前後の大学生とでは、当然、いろいろな面でマインドが違ってきます。高校生となると、もっと違うでしょう。

そこで第6章からは、若者の中でも特に新しい世代、今時の大学生、高校生に見られるマインドにフォーカスし、彼らがどういう方向に進化しているのかを探っていきます。

まず、彼らが生まれ育った時代背景を押さえておきましょう。

上の世代と彼らとの大きな違いは、「物心つく前から通信する環境があった」ということだと思います。

2015年に23歳になる――つまり、ストレートで四年制大学に進学した場合、新卒社会人になる――彼らが小学校に入学したのは、1999年。コンピュータにおける「2000年問題」が世の中を騒がせた年です。

その翌年には、森喜朗《よしろう》内閣によって「e－Japan構想」が発表され、教育現場においては「２００５年までに、すべての小中高等学校の各学級の授業で、コンピュータを活用できるようにする」という計画が示されました。

読者の中には、この頃、すでにインターネットの回線に通常の電話回線ではなく、ADSL回線を使っていたという人も多いのではないでしょうか。「インターネットに接続している間は電話が使えない」という時代では、もうなくなっている。

２００３年頃には光ファイバー回線を使った通信が一般家庭にも普及しはじめ、急速にブロードバンドの時代になっていきます。

携帯電話においては、１９９９年2月にNTTドコモがｉモード・サービスを開始し、競合各社が追随。あっという間に、携帯電話でキャリアメールを送受信したり、ウェブを見たりすることが当たり前の時代になりました。

２０００年11月には、初のカメラ付き携帯電話が発売され、写メールも爆発的に普及していきます。

携帯型ゲーム機では、２００１年に通信機能を備えた「ゲームボーイアドバンス」、２００４年には「ニンテンドーDS」が任天堂から発売され、世界的な大ヒット商品になりました。

この頃から、ゲームは部屋で一人で遊んだり、ファミコンのようにテレビを囲んでみんなで遊んだりするのではなく、屋内・屋外を問わず、友達同士で通信しながら遊ぶものになっていきます。

最近、ファミレスなどで各々がスマホをいじりながら会話している若者たちの姿を見ると、子どもの頃から慣れ親しんできたゲームの影響を感じます。友達同士、同じ空間にいても、別々の画面を見ながら楽しむというのは、以前の若者にはなかったスタイルではないでしょうか。

さらに、左のグラフを見てください。有料音楽配信の売り上げの推移ですが、2005年の下半期から急激に伸びています（この年の8月にiTunesのサービスが日本でも開始されました）。

2005年というのは、1999年に小学校に入学した人たちが中学校に上がる年です。この頃から、目に見えない「コンテンツ」というものをダウンロードして買う行為が一般化していく。

さらに、2004年2月には、SNSの先駆けとも言えるミクシィ（mixi）がサービ

図10　四半期（Q）ごとの有料音楽配信売上実績推移

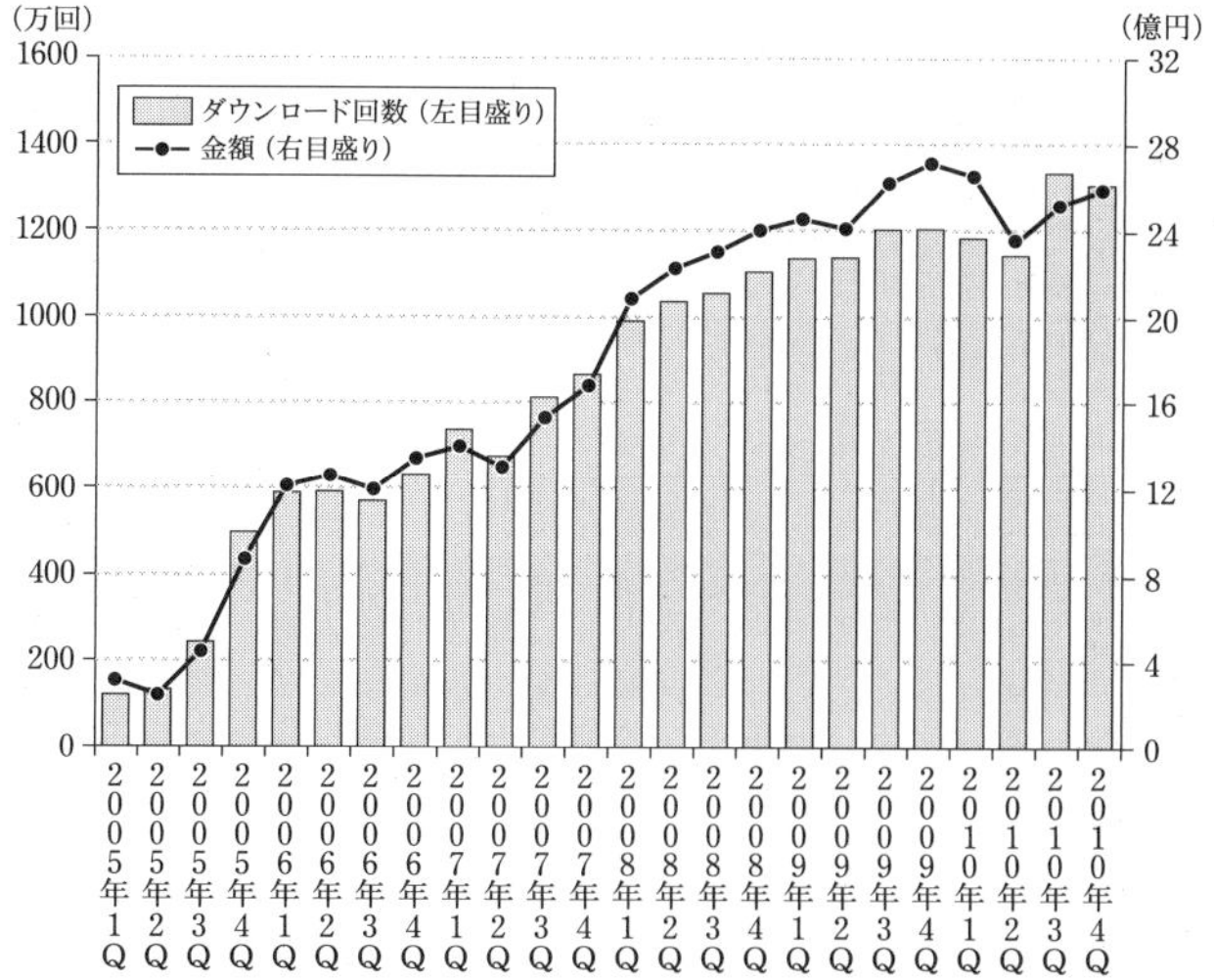

※ダウンロード区分は「シングルトラック・アルバム・音楽ビデオなど」を含む
出典　日本のレコード産業2011

スを開始し、若者たちの心を捉えていきます。今時の大学生たちは、中学生、高校生の頃からSNSをガンガン使っていた世代です。

日本における「デジタルネイティブ世代」はいつからか、ということに関しては、いろいろな議論がありますが、物心つく前から通信する環境があり、それが文字通り、日進月歩の速さで進化していった時代に育った彼らは、完全にデジタルネイティブ世代と言っていいのではないでしょうか。

そのため、「通信する」というこ

とに関して、上の世代よりも発達した感覚とスキルを持っている。

第2章「つながり願望」で、「支え合いながら生活するのが当たり前の時代から、積極的に求めなければ、つながりを得にくい時代になった」と書きましたが、そこに、つながる手段としての通信環境が充実してきたことによって、新世代ならではの感覚、価値観、コミュニケーションのルールといったものが育まれていったと私は考えています。


大学の入学式前から学生同士が知り合っている

14ページのグラフを見てください。「ウェブきっかけで友達をつくったことがあるか」という調査です。

10代、20代の約半数が「ある」と回答しています（大学生、高校生に限定すると、その割合はさらに高くなり、全体としては52％、もっとも多かった「高校生女子」では約71％もの人が「ある」と回答しています。図11）。

一昔前まで、ウェブきっかけの出会いというと「出会い系サイト」が連想され、あまり良いイメージを持たれなかったと思いますが、今時の大学生、高校生たちにとって、ウェブきっかけの出会いは、そういうものではありません。

図11　WEB上で知り合った友達がいる確率

WEBきっかけの友達がいる率（％）

高校生男子	44.4
高校生女子	**70.6**
大学生男子	38.5
大学生女子	53.1

知り合う場所（％）

ツイッター	67.3
その他SNS（チャットツール）サイト	21.0
スマホゲーム・オンラインゲーム	12.6
フェイスブック	10.3
自分のブログ	9.8
ミクシィ	7.9
出会い系アプリ・サイト	6.1
相手のブログ	5.6
インスタグラム	5.1
アメーバピグ	4.2
その他	5.6

出典　ADKオリジナルweb調査（2015年２月）：全国の高校生・大学生の男女619名

共通の趣味を持っていたり、同じタレントやアニメのファンだったりする人同士が、個人ブログやＳＮＳのコミュニティ、オンラインゲームなどを通じて知り合い、ラインやスカイプといった無料のコミュニケーションツールを使ってやりとりをする。もっと親しくなると、リアルでも会って、一緒に映画やライブを見に行ったりする、という出会いです。

もちろん、リアルで会うとは限りません。ラインなどでやりとりをして、仲良くはなったけれど、疎遠になってきたから、そのままフェイドアウト……ということもよくあります。

そういう「リアルだから、ウェブだから」という境界意識の区別のなさ、「リアルが表の世界、ウェブが裏の世界」といった優劣をつけない意識は、今時の若者全体に共通するマインドですが、デジタルネイティブ世代である今の大学生、高校生たちにおいては、より顕著です。

大学での友達のつくり方も、昔とは違ってきています。

私たち上の世代が大学に入学したときには、入学式やその前のオリエンテーションなどで、同じ大学、同じ学年の人たちと初めて顔を合わせて、新歓コンパやサークル探しなどを経ながら、友達を見つけていく、というパターンが一般的でしたよね。

もちろん、今もそういう友達づくりは行われているのですが、「入学式以前から」ウェブで学生同士が知り合っているケースも増えています。

たとえば、ある大学の合格発表が行われた後、SNS上に「2015年に〇〇大学に入学する人」というコミュニティを誰かが立ち上げ、その大学に入学が決まっている人たちが参加する。

そして、チャットや無料通話、コメントなどで交流を深め、入学式の時点では（リアルでは初対面でも）ウェブでもう仲良くなっているので、すぐに打ち解けられる、というケースです。待ち合わせて、一緒に入学式に参加するという若者もいます。

友達をクラスター分けする意識

こうした「ウェブでも知り合える、つながっている」という状況の発生は、「友達」というものに対する意識のあり方を変化させています。

それについての説明を兼ね、ちょっとしたクイズを出しておきましょう。

以下の言葉は、いずれも今時の大学生たちがよく使う言葉ですが、それぞれどんな意味か分かるでしょうか？

「よっとも」
「いつめん」
「にこいち」
「ＢＦＦ」

これらはすべて「友達」を表現する言葉です。

「よっとも」は、街やキャンパスなどで会ったときに「よっ」と声をかける程度の友達。

「いつめん」は、よく遊ぶ友達。「いつものメンバー」の略です。

「にこいち」は、二個で一個、二人で一人というくらい仲の良い友達。

「BFF」は、にこいちの関係を永遠に誓い合った親友。「ベスト・フレンド・フォーエバー」の略です。

こうした新しい言葉は、「友達をクラスター分けする意識」から生まれていると私は考えています。

上の世代が若い頃には、中学から高校に上がると、中学時代の友達が旧友になり、高校から大学に上がると、高校時代の友達が旧友になり……というふうに、昔の友達と疎遠になりながら、新しい友達と親しくなっていく、というライフステージごとの区切りがありました。

しかし、今の大学生以下の世代には、そこまで明確な区切りがありません。

なぜなら、ライフステージが変わっても、ラインやSNSでつながり続けているからです。

そのため、友達が増えすぎてしまう。

友達を自然にクラスター分けするというのは、そういう環境で過ごす今時の大学生、高校生ならではの習慣ではないでしょうか。

また、増えすぎてしまう友達とどう付き合っていくか、ということが、彼らの課題になっています。

「リムる」「ファボる」――つながりの最小化

その対策として、彼らがおそらく無意識的に行っているのが、一つには、友達をクラスタ一分けするということ――友達がツイッターでつぶやいているけど、「よっとも」だからスルーしてもいいかな、というふうに――なのですが、もう一つには、今時の大学生たちは「つながりの最小化」ということを行っています。

たとえば、ツイッターであれば「リムる」。リムーブするの略で、簡単に言えば、SNSにおける友達の掃除です。

「嫌いになったわけじゃないけど、疎遠になったから、ツイッターのフォローをはずそう」というふうに、つながりをはずしていく。多い人では、週に1回くらいそういうことを行っています。

上の世代の人は、フォローをはずされたことを重く受け止めてしまいがちですが、今時の若者にとっては、そこまで重い意味はありません。絶縁したわけではなく、疎遠になったからリムっただけ。

私も、大学生たちとツイッターでつながっているのですが、時々、つながりをはずされています。けれど、また関係が密になると、復活していたりする。

　そういうふうに、つながりの最小化をドライに行うのが、今時の大学生たちです。

「ファボる」。「お気に入り」をタップすると、☆が１増える

　若者たちの通信する手段がパソコンであり、ＳＮＳの中心がミクシィであった時代には、ログインしている間だけつながっていればいい、という気楽さがありました。しかし、スマホを持つのが当たり前になり、連絡手段の中心がメールからラインに、ＳＮＳの主流がミクシィからツイッターに移っている現在では、「ログイン／ログオフ」という感覚は消滅しています。スマホの電源を入れている間は、四六時中つながり続けていなければいけない。

　そのため、一回一回のコミュニケーションにかける労力をどうやって最小化するか、という工夫もいろいろと編み出され、暗黙のルールとして定着しています。

ツイッターでのつながり、ということで話を続けると、彼らは「ファボる」ということをよくします。

フェイバリットするの略ですが、友達がつぶやいたときに、リプライするのは面倒くさい、でも、スルーはしたくない、というときに「お気に入り」のボタンを押す。そうすると、つぶやいた人の「お気に入りされた」というところに表示されるので、読んだことが伝わる。

無言でファボることを「無言ファボ」と言いますが、これがフェイスブックの「いいね！」と同じように、若者たちの承認欲求を満たしたり、つながりを維持したりする、ちょうどいい手段になっています。

ラインにおいて、こうしたコミュニケーション最小化の役割を果たしているのはスタンプです。

友達が何か良いことを言ってくれて、嬉しい気持ちを表現したい、というとき、メールであれば、言葉を打って返信しなければなりませんが、ラインならスタンプ1個で済みます。

今時の大学生、高校生たちの中で、メールを日常的に使っている人はごく少ないと思いますが、それは彼らにとって、メールで長い文章をやりとりするのは重すぎるからです。

「リツイート」か「リプライ」か

ツイッターで、誰かのつぶやきに対してコメントするときにどうするか、ということにも、上の世代と若者たちとのマインドの違いが表れています。

上の世代では、リツイートする人が多いのではないでしょうか。

それに対して、今時の若者たちはリプライを多用します（私が大学生たちとツイッターをフォローし合う関係を築きはじめた頃、まず新鮮に感じたのが、彼らのリプライ数の多さでした）。

両者の違いは、つながっている人たち以外の目にも触れるかどうか。リツイートは、不特定多数の人たちの目に触れますが、リプライを見られるのは、お互いをフォローし合っている友達だけです。

ツイッターを社会に向けての自己表現ツールとして利用している上の世代と、あくまでも友達とのコミュニケーション手段として利用している今時の若者たちの違いが、リツイートとリプライのどちらを多用するかの違いになっているのではないでしょうか。

若者たちは、無意味にやりとりする相手を増やしたくない。最小限のコミュニケーションで済ませたい。だから、不特定多数に発信するリツイートには興味を持ちにくいのです。

この違いは、15ページのグラフのように、ツイッターに鍵をかける若者の多さにも表れていると思います。

なぜツイッターを連絡ツールとして使うのか？

たくさんのつながりを持っている今時の大学生たちは、ネットでのコミュニケーションをできるだけ軽くしたい。この「軽くしたい」というのは、量的な問題だけでなく、心理的な問題でもあります。

最近、大学生たちの間で、遊びや飲み会などの誘いをするとき、メールでもラインでもなくツイッターを使うケースが増えているのですが、これも心理的な負担を軽くするための選択です。

メールでもラインでも「今日、暇だったら遊ばない？」といったメッセージを個別に送った瞬間から、返信待ちの時間が始まります。

待たされている側にとっては、この時間が重い。「既読」がついているのに、なんで返信がないんだろう？　と考えてしまったりする。

待たせている側にとっても、この時間は重いものですよね。メッセージは明らかに自分に向けられているし、読んだことも相手に伝わっているので、返信しないわけにはいかない。

断る場合はもちろん、応じる場合でも、「すぐに返信しなければ」というプレッシャーがある。

こうした心理的な「重さ」から解放してくれるツールがツイッターです。

ツイッターでつながっている友達に向けて、「今日、暇な人いたら遊ばない?」とツイートすれば、そのメッセージは特定の誰かに向けたものではないし、誰が読んだかも分かりません。

もし全員からスルーされても、「ツイッターを見ていないのかな」という自分への言い訳ができるし、後からツイートが投下されていけば、その発言がタイムライン上にも残らない。

そのため「待たされてる感」や「断られた感」が少ないのです。

ツイートを向けられた側にとっても、それが自分に向けられたものだという「指名された感」がないので、無言で断ることもできます。もし後で聞かれても「ごめん、ツイッター見てなかった」で済む。

誘う側・誘われる側、双方にとって心理的な負担が軽い、というのが、今時の大学生たちに連絡ツールとしてのツイッターが受けている理由だと思います。

「つらたん」「やばたん」――タイムライン上を汚さない配慮

今時の大学生たちには「タイムライン上を汚さない」という意識もあるようです。

これは少し深読みにすぎるかも知れませんが、たとえば、「つらたん」「やばたん」という言葉。それぞれ「つらい」「やばい」を冗談っぽく表現した言葉ですが、そういう気持ちや状態であることを本当はみんなに分かってほしい。でも、「つらい」「やばい」という直接的で感情的な言葉を投下してしまうと、相手のタイムラインが重い空気になってしまう。

空気を乱す、タイムライン上を汚す言葉はできるだけ避けたい。「つらい」「やばい」に可愛らしく「たん」をつけて、重い空気にしないように、自分の気持ちを伝えよう……。そんな相手を気遣う意識が、こうした言葉の裏に、じつはあるのではないかと私は考えています。

つながりから解放されるための切り替え術

「機内モードでオフる」というのも、今の大学生たちがよく使う表現です。

スマホの電源を入れっぱなしにしておくと、集中したいことに集中できないし、夜は睡眠の邪魔になる（ワカスタのメンバーに聞いてみると、多い人は1日100件以上のやりとりをするそうです）。けれど、スマホのアプリは使いたいので、電源は落とせない。

そういうときに使われるのが、機内モードで通信機能を切って、つながりから解放される、ということです。

ちなみに、メッセージの「既読」を相手の画面に表示させたくないときにも、機内モードは使われます。

新着メッセージがあったとき、ラインのアプリを立ち上げてメッセージを取得したら、トーク画面を開く前にコントロールパネルから機内モードにして、通信機能を切る。その後でトーク画面を開いて、相手の画面に「既読」を表示させずにメッセージを読む、という方法です。

「ベランダでSNS断ち」ということも、大学生たちはよく行っています。スマホを部屋に置いたままベランダに出て、つながりから解放された状態で、考え事をしたり、気分転換をはかったりする。

第2章で触れた「一人〇〇」の流行からも読み取れるマインドですが、今時の大学生たちには、強い「つながり願望」を持つ一方で、そうでもしなければ一人になれない、というジレンマもあるのかも知れません。

逆に言えば、こうした「つながりの最小化」「コミュニケーションの最小化」を自然なスキルとして身につけ、ログイン／ログオフがない中で、自分をつながりから解放する術《すべ》も持っているからこそ、新しいつながりを積極的に求めていくこともできるのだと思います。

第6章では、今時の若者たちの中でも特に新しい世代である大学生、高校生たちに注目し、彼らならではのコミュニケーションのルール、習慣といったものから、友達感覚の変化を探りました。

次章では、それをさらに深掘りしつつ、そんな彼らの心を捉えた商品や広告コミュニケーションのヒット事例も紹介していきましょう。

第7章 なぜシェアするのか?

——「はずさないコーデ」と「サプライズ」

「複数の自分のチャンネル」を持っている

これは今時の若者全体に共通するマインドではあるのですが、特に大学生以下の世代に顕著な傾向として、彼らは「キャラの使い分け」ということを非常に器用に行います。

たとえば、ＳＮＳ上では、メインのアカウントとなる「本アカ」のほかに、「サブアカ」「趣味アカ」などと呼ばれる複数のアカウントを持っているのが普通で、本アカでつぶやいたら友達に引かれてしまうようなことをサブアカでつぶやいたり、共通の趣味を持っている人にしか通じないようなコメントを趣味アカで投稿したりする。

上の世代の感覚からすると、それは「裏表がある」ということになってしまうかも知れませんが、彼らはそう考えません。

ワカスタ・メンバーの言葉を借りると、「複数の自分のチャンネルを持っている」というふうに考えます。

明確な「自分ものさし」を持って、世の中にあるものの中から、より自分らしいもの、自分のフィーリングに合うものをチョイスしようとする今時の若者たち。その彼らは、同時に、他人との協調を重んじ、しかも、四六時中誰かとつながっている。

その難しい課題を両立させるために、複数の自分のチャンネルを持っておいて、コミュニティによって「自分のどの部分を出すか」ということを分けている、いろいろな自分を小出しにしていくという、今時の若者ならではの処世術です。

近年、若いアイドルタレントなどがサブアカでつぶやいていたことが流出して、その内容が表向きの顔とは違うため炎上騒ぎになることが時々ありますが、そういうときに騒いでいるのは、比較的上の世代の人たちで、より若い世代であるほど、「そんなこともあるよね」という冷静な受け止め方をしているのではないでしょうか。

それは、彼らにとって「キャラの使い分け」をするのは当たり前のことで、そうしなければ、複数のコミュニティと上手くつながっていることはできないと分かっているからだと思います。

どれが本当の自分、どれが嘘の自分ということもない。キャラを使い分けているだけで、すべて本当の自分。

そこに窮屈さを感じていないのも、今の若者世代の特徴だと思います。

「はずさないコーデ」――自分らしさを消す方法

「炎上」という言葉を使いましたが、物心つく前から通信する環境があった彼らは、２ちゃんねるや「学校裏サイト」といったサイトで、日常的に誰かが叩かれていることを横目で見ながら育ってきた世代です。

そのためか、仲間内のつながりから浮いてしまう、はずれてしまうことを非常に恐れる一面もあります。

第1章で、今時の若者たちは、既成の価値観や枠組みにとらわれず、いろいろなお手本から自由にチョイスして、新しいファッションを生み出している、ということを書きましたが、一方で、特に今の大学生たちは「みんな同じような服装をしている」という印象もあるのではないでしょうか。

たとえば、2014年には、大学生の男子たちの間で、デニムのシャツとカーキ色のパンツという組み合わせが異常なほど流行りました。

これは「はずさないコーデ」と呼ばれる、今時の大学生たちが基本として押さえているファッションです。

この組み合わせを着ておけば、そこそこはオシャレに見えて、仲間内のつながりから浮いてしまうこともない。そういう安心感があるため、特にお互いがまだ空気の読み合いをしているような状況下では、このコーデが多用されます。

ファッションというのは、本来、自分らしさを表現する手段のはずですが、あえて「みんな」の中に自分を埋没させるファッションが流行る。かつてアムラーと呼ばれる若者たちがみんな同じ格好になっていたのとは真逆のマインドで、「はずさないコーデ」をみんなでシェアする。

それを基本として押さえた上で、微妙な「自分っぽさ」も追求し、上手く出していくバランス感覚が、今時の若者たち、特に大学生以下の世代の特徴としてあると思います（自分らしさは内面にある、という意識があるからこそ、それを外見で表現しようとするマインドが減ってきた、という面もあるかも知れません。ファッションは「ひとひねり」くらいがちょうどいい、という傾向も、今の大学生以下の世代では強くなっていると感じます）。

「コミュ障」「自己満」「リア充撮り」——空気を読み合う意識

仲間内からはずれてしまうことを恐れる意識は、彼らがよく使う言葉にも表れていると感じます。

一つは「コミュ障」という言葉です。

以前よく使われていた「ＫＹ（空気が読めない）」をより過激にした「コミュニケーション

障害」の略で、もちろん、冗談っぽく使われる言葉ではあるのですが、今時の若者たちは「あいつ、コミュ障だな」と思われることを本気で恐れているところもあります。

また、彼らは自己満足を略した「自己満」という言葉もよく使うと私は感じるのですが、それも空気を読み合う意識の表れかも知れません。

たとえば、空気を乱すようなことを言ってしまったときに、

「今の自己満だから」

と言って、空気を早く正常化させようとする。

よく見ると、恋人といることが分かる「リア充撮り」

こうした仲間内からはずれないための気遣いは、ブログやSNSに掲載する写真の撮り方にも表れています。

若者と交流がある方は、上のような構図の写真をよく目にするのではないでしょうか。

二人分の料理を撮影して、恋人といることを暗にアピールしている。

若者たちのＳＮＳでよく目にするこの写真を、ワカスタのメンバーたちは「リア充撮り」と名付けました。

本当は、恋人と食事をしたことをアピールしたい。けれど、露骨にリア充アピールをすると浮いてしまうかも知れないので、「よく見れば分かる」という程度にしておく。そういう微妙な気遣いが、こうした撮り方の普及という現象になっているのだと思います。

テレビ番組の話題は「それ見てない」で終わってしまう

そんな今時の大学生、高校生たちは、学校の友達とどんなネタを話題にして盛り上がっているのでしょうか。

それをマルチアンサー方式で調査した結果が、次ページの表です。

ご覧の通り、どの属性でも高い割合となっているのが「勉強に関する話題」、そして「共通の友人に関する話題」。それに「ゲーム・アニメに関する話題」「学校・部活動に関する話題」が続く結果となっています。

私たち上の世代が大学生、高校生だった時代であれば、「タレント・音楽などエンタメに関する話題」や「テレビ番組に関する話題」がもっと上位に来たのではないでしょうか。

図12　ネタにしやすい話題（学校の友達と）

	全体	高校生男子	高校生女子	大学生男子	大学生女子
	(%)				
勉強に関する話題	**48**	33	**51**	43	**64**
共通の友達の話題	**47**	41	**49**	**47**	**51**
学校・会社・部活動に関する話題	32	23	40	24	40
ゲーム・アニメに関する話題	32	39	29	30	26
テレビ番組の話題	28	17	34	27	36
タレント・音楽などエンタメに関する話題	27	20	37	16	34
ファッション・美容・身だしなみに関する話題	22	8	30	16	34
社会ニュースに関する話題	19	14	21	24	16
スポーツに関する話題	18	23	16	23	11
その他の話題	14	15	16	10	13

出典　ADKオリジナルweb調査（2015年2月）：全国の高校生・大学生の男女619名

なぜこういう結果になると思うか、ワカスタのメンバーたちに聞いてみると、

「テレビ番組やタレントの話題だと、『それ見てない』で終わってしまうから」

という答えが返ってきます。

昔は、クラスの誰もが見ているようなテレビ番組があって、「昨日、あれ見た？」というふうに共通の話題になっていました。むしろ、見ていないと話題についていけなくなるので見る、という面があったと思いますが、現代では、テレビ、ラジオだけでなく、ユーチューブ、ニコニコ動画、ヤフー動画、ツイキャス、ポッドキャストなど、若者たちが視聴するメディアとコンテンツが多様化しているので、その内容が共通の話題になる、とい

うことが起こりにくいのです。

それよりも、誰にとっても身近な話題である「共通の友人に関する話題」をネタにしてつながりたい、という意識が、この調査結果には表れていると思います。

もちろん、いつまでもそのネタを話題にしつづけるわけではありません。自分の好きなタレントやアニメなどを友達も好きなことが分かったら、それをネタにしてもっと盛り上がる。

上位の二項目は、同じクラスの仲間など、多様な趣味を持つ友達グループで盛り上がるための鉄板ネタ、好きなタレントやアニメなどの話は、共通の趣味を持つ友達とよりディープに盛り上がるためのネタと言えるかも知れません。

「サプライズ」――つながり感を高められる最高のネタ

今時の若者たちは、新しく手にした通信環境を上手く使って「自分たちだけのネタ」をシェアする、ということもよくします。

たとえば、仲間内の誰かが面白い動画を見つけてきたら、それをシェアして、もっと面白いネタになるように加工して遊ぶ。あるいはゲームでも、そのままプレイするのではなく、自分たちだけの遊び方を見つけてシェアする。その中で生まれる「つながり感」、仲間との一体感が、彼らの求めているものです。

この「自分たちだけのネタ」をシェアするというのは、もちろん、ラインやSNS上だけの話ではありません。

第2章で紹介した「たこパ」「かまぼこパ」もそうですが、自分たちだけのイベントごとを企画し、そこに向けての準備や作業を共有しながら、つながり感を高めていく、ということもよく行われます。イベント後には、その写真をSNSにアップして、またみんなで盛り上がる。

なかでも、今の大学生、高校生たちが好きなのは「サプライズ」です。

16ページのグラフを見てください。より若い世代ほどサプライズ好きなのが分かると思います。

10代に限定すると、サプライズをする頻度が「月に1回以上」という人が約10%、「3か月に1回程度」の人まで合わせると約27%にものぼる。

たとえば、仲間内の誰かの誕生日が近づいてくると、本人には内緒で誕生日イベントを企画し、準備を進めていきます。

当日には、予約しておいた飲食店などに本人を招待して、みんなでバースデーソングを唱《うた》って、手づくりケーキを分け合ったりする。

サプライズほど「つながり」を感じられるものはないかも知れません。サプライズをする側にとっては、秘密を共有していることによる連帯感の高まり、それを明かすときの高揚感、サプライズされる側にとっては、自分のために秘密で計画を進めてくれていたという喜び……。

一粒で二度も三度もおいしい、というのがサプライズだと思います。

マスメディアの提供するネタ、上から発信された情報が共通の話題になりにくい時代だからこそ、若者たちは「自分たちだけのネタ」をシェアしようとする。お互いに空気を読み合う意識がある中で、「自己満」になるようなことは避け、みんなで楽しめること、喜べること、笑い合えるようなことをしようとする。

第10章で説明する「つくし世代」の萌芽は、そういうマインドを土壌としています。

「チューブプリクラ」「双子コーデ」「○○会」——つながりの確認作業

今時の大学生、高校生たちの間では「つながりの確認作業」と呼ぶべき行動も見受けられます。

たとえば、「チュープリクラ」。これは特に、高校生の女子たちの間でよく撮られているのですが、友達の頰にキスしようとしている構図のプリクラを撮る。「私たちはチューできるくらい仲が良い」ということの確認とアピールです。

あるいは「双子コーデ」と呼ばれるファッション。「にこいち」「BFF」な親友同士でコーデを合わせ、仲良しぶりをアピールする、ということもよく行われています。

ラインのグループ名を大事にするのも「つながりの確認作業」と言えるかも知れません。

上の世代であれば、ラインで複数人とやりとりしていても、あえてグループはつくらない人が多いのではないかと思いますが、今時の大学生、高校生たちはグループをつくり、そこにちゃんとグループ名をつけることにこだわります。

また、飲み会をするときにも、その会に名前——大学の19クラスの仲良し組の飲み会であれば「19クラス会」、中央線沿線に住んでいる人たちによる「中央線会」、共通のアイドルを応援する「○○を愛する会」など——をつける。

これらも「私たちはこういうつながりだよね」ということを確認したい意識の表れだと思います。

若者たちが「シェアしたくなる」仕掛けをつくる

そんな今時の大学生、高校生たちのマインドに響くのは、どんな商品や広告コミュニケーションなのか、ヒット事例を紹介していきましょう。

基本的には「つながる」ためのツールを提供できたものが上手くワークしている、ということなのですが、そのツールは大きく三つに分類できると私は考えています。

１　楽に・簡単につながるためのツール
２　内輪だけでつながるためのツール
３　非日常感覚でつながるためのツール

一つめの「楽に・簡単につながるためのツール」としてもっともヒットした事例は、スマホゲーム。なかでも「ライン・ポップ」が有名だと思います。

ラインのスタンプとしておなじみのキャラクターたちをデザインしたブロックをスライドさせて、同じブロックを三つ以上並べて消していくゲームで、２０１２年11月のサービス開始から、わずか50日足らずで２０００万ダウンロードを達成するという、驚異的なヒット・

アプリになりました。

ライン・ポップがこれほど流行った要因としては、やってみると意外と奥が深いゲーム性の高さ、スキマ時間でできる手軽さ、といったこともあると思うのですが、それ以上に大きかったのは、若者たちがシェアしたくなるツールを提供したことだと思います。

つながることに一生懸命な今時の若者たち。しかし、いつもシェアするネタを探したり、みんなで盛り上がれるイベントを企画したりするのは大変なので、日常的には省力化したい。短い時間で、簡単な作業でつながれたらいいな……と思っていたところに、ライン・ポップが登場しました。

このゲームでは、ラインで友達登録している人同士で得点を共有できるようになっています。「今、友達は何点、自分は何点」ということをフレンド内ランキングで常に確かめられるので、それを会話のきっかけにすることもできるし、友達と競い合うこともできる（ビジネスの構造としては、その競い合いの中で、サポートアイテムに課金したくなる心理を突いています）。

また、つながっている友達同士、ゲーム内でハートや無料アイテムを贈り合うというプレゼント交換も気軽にできる。

２０１４年１月には、ディズニーのぬいぐるみシリーズである「ツムツム」をブロック化した「ライン・ディズニー・ツムツム」のサービスも開始され、同年のヒット商品番付7位に格付けされました。

ライン・ポップにしてもツムツムにしても、シングルプレイで完結するゲームだったら、ここまでは流行らなかったのではないでしょうか。

時間も場所も選ばず、誰でも気軽にプレイできるシンプルなゲームで、仲間とつながれるという、ラインを介した友達とのコミュニケーション・ツールに昇華できた、というところに、最大のヒット要因があると思います。

「推し面メーカー」はなぜ若者たちに受けたのか？

二つめの「内輪だけでつながるためのツール」の典型例は、江崎グリコの「ＡＫＢ48推し面メーカー」です。

ＡＫＢメンバーの顔のパーツ（目、眉毛、鼻、髪型、輪郭など）を自由に組み合わせて、自分だけの推し面をつくろう、というキャンペーン・サイトだったのですが、今時の大学生、高校生たちは、自分好みの女の子をつくるような楽しみ方は（少なくとも大っぴらには）あまりしません。

彼らの間で流行ったのは「いかに変な顔をつくるか」という遊び方です。サイトをシェアして、みんなで変顔をつくって、内輪だけで笑い合う。

そういう遊び方ができるスキマがあった、というのが「推し面メーカー」のヒット要因だと思います。

そして、サイトがシェアされればされるほど、企業にとっては広告効果が上がる。序章で書いた「シェアしたくなる仕掛けづくり」の代表的な成功事例の一つです。

「制服ディズニー」「コスプレディズニー」――非日常体験をする口実づくり

三つめの「非日常感覚でつながるためのツール」の代表的なヒット事例としては、東京ディズニーリゾートの「春のキャンパスデーパスポート」が挙げられると思います。

これは、卒業旅行シーズンに展開される学生限定の割引キャンペーンなのですが、広告に制服を着た高校生たちを起用したことが、大学生、専門学校生にも「私たちも制服を着てディズニーランドに行ったら楽しそう!」と思わせ、それぞれの高校時代の制服を着て、ディズニーランドやディズニーシーに行くという「制服ディズニー」と呼ばれるブームのきっか

非日常感を楽しむ「コスプレディズニー」

けになりました。

久しぶりに制服を着たり、友達の制服姿を見たりすることで、よりテンションが上がる。ただでさえ非日常的な空間であるディズニーランドで過ごす時間が、もっとドラマチックになる……ということで、２０１５年現在も流行っています。

高校を卒業しても、たまには高校時代の制服を着て出かけたい、それによって、非日常的な体験をしたい、という願望を多くの若者が持っていた。でも、自主的にそれをするのは恥ずかしい、と思っていたところに、「キャンパスデーパスポート」という押しつけがましくない形で、口実を提供してあげた。そこに、このキャンペーンの大きなヒット要因があると思います。

ちなみに、東京ディズニーリゾートは、スタッフとゲストの区別がつかなくなるのを防ぐため、ゲストがコスプレをして来場することを普段は禁止しているのですが、秋の「ディズニーハロウィーン」の最初と終わりの一週間だけは、それが許可されている。この時期に、思い思いのコスプレをしてディズニーランドやディズニーシーで遊ぶ「コスプレディズニー」と呼ばれるブームも、若者たちの中で起こっています。

東京ディズニーリゾートの例以外でも、浴衣《ゆかた》を着て水族館に行くと入館料が割引になる「浴衣割」、SNSにドミノピザのクーポン券を使うことをつぶやいて、クーポン券を発行し、おさげ髪でデリバリーを受け取ると割引になる「おさげ割」などがあり、それぞれ「非日常体験ができる口実」＋「お得感」で人気を集めています。

若者たちのつながりをサポートしようとすることがヒットの法則になるのは、今さら言うまでもないことかも知れませんが、さらに整理すると「楽に・簡単に」「内輪だけで」「非日常感覚で」つながるためのツール、という三つに分類できる、というのが私の分析です。

第7章では「なぜシェアするのか?」というテーマで、今時の大学生、高校生たちのマインドを深掘りし、それを捉えることに成功したマーケティングの事例を紹介しました。
次章のテーマは「誰もが『ぬるオタ』」。
若者たちの「総オタク化現象」とも言える状況を説明していきます。

第8章 誰もが「ぬるオタ」

――妄想するリア充たち

8割近くが「オタク要素を持っている」と自覚

自分の好きな物事を深く追求していたり、趣味に没頭していたりする人のことを一般的に「オタク」と言います。

なかでも、ライトなオタクのことを指す「ぬるオタ」という言葉も誕生しているのですが、今時の若者たち、特に大学生以下の世代は、この「ぬるオタ」まで含めると、誰もがオタク化しているようなところがあります。

オタクという言葉には、アニメ好き、二次元好き、妄想好き、という要素も含まれているように思いますが、その意味でも、今時の大学生、高校生たちは、全体的に「ぬるオタ」化している。

17ページのグラフを見てください。

「自分に『オタク』の要素があると思いますか?」という質問に対して、10代では「かなりある」「一部ある」と回答した人を合わせると、全体の74%にも及びます。

さらに、左の表。これは「自分がもっているオタク要素は?」という質問に対する回答ですが、「アニメ・漫画」が圧倒的なトップで、それに「タレント」「ゲーム」が続く結果となっています。

男だから、女だから、ということをあまり気にしないジェンダーフリーの傾向も顕著です。たとえば、好きな漫画について調査してみると、10代の女子でも『進撃の巨人』『黒子のバスケ』『鋼《はがね》の錬金術師』といった少年コミック系の作品が上位を独占します（昔であれば、少女コミック系の作品がもっと上位に並んでいたのではないでしょうか）。こうした傾向を表す「アニメ女子部」という言葉も生まれています。

図13　自覚している自分のオタク要素

Q. 自分がもっているオタク要素は?（具体的に）

記述回答を集計（複数回答あり）　(件)

アニメ・漫画	324
タレント	144
ゲーム	80
PC関連	36
スポーツ	31
音楽	16
TV番組	14
小説	12
映画	9
ライトノベル	7
WEBサイト	7
キャラクター	1
その他	80

出典　ADKオリジナル調査（2014年6月）：全国15～19歳の男女520名

若い男性たちの間では（女性たちの間でも、ですが）『ラブライブ！』というアニメが流行りました。主人公は９人の女子高生アイドルで、それぞれの持ち歌に合わせて画面をタップする音楽ゲーム（いわゆる音ゲー）も人気です。

上の世代の感覚からすると、「そんなアニメを見たり、ゲームをしたりするのはオタクだけ」というイメージがあるかも知れませんが、最近は、いわゆるリア充と呼ばれるような男子たちが、そういうアニメやゲームにハマッていても違和感がありません。

これは余談ですが、先日、ある男子大学生の部屋に泊まらせてもらったときのこと。朝5時頃、ゴソゴソと音がするので、起きて見てみると、男子大学生がスマホをいじっている。

「何してるの？」

と聞いてみたところ、『ラブライブ！』のゲームのスタミナが溜まったときに、プレイして消費させないともったいないから、アラームをセットしていた、とのことでした。

その彼も、テニスサークルに所属するリア充と言っていいタイプの大学生です。そういう若者が、オタク的な要素を持っていてもミスマッチではないし、本人も隠そうとしない。

BEAMSなど若者に人気のアパレル企業3社が、2014年12月から『ラブライブ！』とコラボするキャンペーンを展開し、Tシャツなどのグッズを販売しているのも、こうした、誰もが「ぬるオタ」化している若者の傾向を読み取ってのことだと思います。

第4章「ノット・ハングリー」で触れた「妄想女子」も、今の大学生以下の世代では、より一般化しています。

スマホなどで二次元彼氏とのバーチャル恋愛を楽しむゲームを「乙女ゲーム」と言いますが、その市場規模は、ここ数年で急激に伸びていて、男性向けの「美少女ゲーム」を追い越しそうな勢いです。

バーチャル恋愛ゲームは、一部のオタク的な男性だけのものではなくなっています。

サブアカ、趣味アカが生み出した新しいオタク像

なぜこういう変化が起こったのか？

一つには、第1章で説明した個性尊重教育の影響があると思いますが、それ以上に大きいのは、通信環境の充実によって、他人の目を気にせず、好きな物事をとことん追求できるようになった、ということではないでしょうか。

同級生などリアルでの友達は、趣味が一致しているとは限らないので、趣味のことを深くは話しにくい。ところが、サブアカ、趣味アカで、共通の趣味を持つ人とだけ話せる環境に置かれれば、気兼ねなく自分の感性を解放して、趣味の話に没頭することができます。

また、そうやって追求してみると、自分と同じような感性を持つ人が、世の中にはたくさんいることも分かってくる。そこで同じ感性を持つ人同士がさらにつながって、より追求が深まっていく。

かつて、オタクというのは、活動の大半が孤独な営みにならざるを得ない面があったと思います。

それが今は、趣味に没頭しながらも、同じ趣味を持つ人たちとつながっていることができる。オタクでも「つながり」が大事になっていて、楽しみを共有したり、情報を提供し合ったりしようとする。

その方が楽しいから、というのが、誰もが「ぬるオタ」化している今時の大学生、高校生たちのマインドであり、第10章で改めて述べる「つくし世代」の一面であると私は考えています。

「つくし世代」の若者たちにおいては、オタクの文化も、内へ内へと向かおうとするのではなく、つながりとハッピーの広がりを求めて、外へ外へと向かおうとする。

アニメや漫画、ゲームなどの話だけではなく、「城女《しろじょ》」や「墓マイラー」と呼ばれる若者の増加も、誰もが「ぬるオタ」化を象徴する事象かも知れません。

一昔前、歴史を愛好する「歴女《れきじょ》」と呼ばれる女性たちが話題になりましたが、それが進化して、近年では、城をこよなく愛する「城女」や歴史的人物たちの墓所を巡る「墓マイラー」などに細分化している。

これも、自分の感性を追求した人同士がウェブでつながっていった結果だと思います。

熱気が生じやすい「趣味コミュ」

今時の若者たちは、一人5～6個以上のコミュニティに所属しているのが普通です。その中にはもちろん、大学、高校、中学の友達、地元の友達といったコミュニティもあり、そこも重要ではあるのですが、ひとまず置いておきましょう。

数あるコミュニティの中でも、特に強い伝播《でんぱ》力、情報を波及させるパワーを持っているのが、好きなアニメやアイドルなどでつながる「趣味コミュ」です。

コミックマーケット、通称「コミケ」を訪れる人の多さ、購買意欲の高さをご存じの方は、思い浮かべていただけると分かりやすくなると思いますが、共通の趣味を持っている人たちだけで集まり、他人の目を気にせず活動できる環境に置かれると、ある種の熱気が発生しやすくなります。

SNS上で、それに近い性質を持っているコミュニティが「趣味コミュ」です。

「初音ミク」「カゲプロ」とのコラボで成功した事例

その「趣味コミュ」を攻める、というマーケティングが、近年、盛んに行われているのですが、その先駆け的なヒット事例となったのは「初音《はつね》ミク・パーカー」だと思います。

初音ミクは、ヤマハが開発した音声合成システム「ボーカロイド（VOCALOID。ファンの間では「ボカロ」と呼ばれます）」に対応するボーカル音源、およびその女性キャラクターで、ユーザーたちが入力した楽曲を動画の中で歌い、踊る「バーチャル・アイドル」として、ユーチューブやニコニコ動画などで大変な人気になっています。

その初音ミクと若者向けアパレル・メーカーの「earth music&ecology」がコラボした商品がこのパーカー。他にも、Tシャツやトートバッグ、シュシュなどのアイテムが販売されています。

今でこそ初音ミクは一般にも知られる存在になっていますが、2012年3月にコラボ企画の公式リリースがあった当時は、ファッション性を大事にするアパレル・メーカーがオタク要素のある初音ミクとコラボすることに、かなりの違和感がありました。

しかし、蓋《ふた》を開けてみると大盛況。発売日には、新宿や池袋などのｅａｒｔｈ　ｍｕｓｉｃ＆ｅｃｏｌｏｇｙの主要店舗に、大学生、高校生たちが押しかけ、長蛇の列をつくるという現象が起こりました。

そこまでの広告はされていなかったはずですが、初音ミクを好きな人たちが、公式ツイートから情報を拾い、ＳＮＳで仲間たちにも広め、みんなで盛り上げていった結果でしょう。


初音ミクに限らず、一般のクリエイターたちがボーカロイドを用いた作品を動画サイトに投稿したり、その楽曲に別のクリエイターが動画をつけて投稿したり、また、そうしてつくられていく作品世界をファンとして楽しんだりする「ボカロブーム」も起こっていて、趣味コミュの一大分野になっています。

なかでも絶大な人気を誇っているのが「カゲロウプロジェクト」、通称「カゲプロ」です。楽曲や動画だけでなく、作品世界の小説化、アニメ化も展開されていて、若者のファンが非常にたくさんいます。

その「カゲプロ」とのコラボで、一気にブランドの若返りを成功させたのが、ニキビケア薬の「クレアラシル」です。
2014年8月に開始された「カゲプロ」の作品群に登場する「如月《きさらぎ》モモ」をイメージキャラクターとするキャンペーンでは、ファンを確実に取り込み、3週間弱で約2万2000件ものツイートを獲得。ホームページへのアクセス数も激増しました。

少ない広告予算で確実な集客を見込めるこの手法は、今とても広がりを見せています。ローソンが採っている戦略も典型的です。『けいおん!』『テニスの王子様』『進撃の巨人』『弱虫ペダル』など、人気アニメとコラボしたキャンペーンを次々に打ち出しているのは、ご存じの方も多いと思います。

それを店頭で見かけたファンがコラボ商品を買う、というだけではなく、公式ツイートやウェブ上のニュースなどでキャンペーンを知った若者が、SNSで共通の趣味を持つ仲間たちと情報を共有しようとし、あっという間にキャンペーンが知れわたっていく。その母体となる趣味コミュが存在する、ということが、以前との大きな違いではないでしょうか。

クリエイター心を刺激した「1本満足バー」のCM

一般に「オタク」と呼ばれる人たちには、クリエイター心があり、そのためのスキルが高い、という一面もありますよね。

誰もが「ぬるオタ」である今時の大学生、高校生たちには、全体的にそうである傾向もあります。

上の世代には「画像や動画を加工してください」と言われても、どうすればいいか分からない、やったこともない、という人が多いと思いますが、デジタルネイティブ世代である彼らの多くは、小中学生の頃から、そのスキルを遊びの中で身につけています。豊富になった便利なツールを使いこなし、ちょっとした画像や動画の加工なら、大半の人ができるようになっている。

なかには、一般人でありながら、驚くほど高いレベルのスキルを持ったクリエイターも存在しているのですが、そうした彼らが、テレビCMやイメージキャラクターなどを加工し、二次的な発信者となって、周囲の若者たちを広告コミュニケーションに巻き込んでいくという、新しいヒット事例が生まれるようになりました。

その代表事例と言えるのが、アサヒフードアンドヘルスケアの「1本満足バー」です。

ＳＭＡＰの草彅剛さんが「マン、マン、マンゾク、イッポンマンゾク、バー」という「マンゾクのリズム」に合わせて歌いながら踊るＣＭを知らない若者は、ほとんどいないのではないでしょうか。

ＣＭ投下量はそこまで多くなかったと思うのですが、にもかかわらず、なぜこれほど浸透したのか。

それは、あの奇妙な歌と踊りにクリエイター心を刺激された若者たちが、もっと面白い動画にしよう、気になる動画にしようと、どんどんアレンジ（草彅剛さんを１００人くらいに分裂させたり、ＤＪノリの曲調にミックスしたり）していったからです。

それがニコニコ動画などにアップされ、クリエイターがつくった作品を楽しむ側の若者たちの目にも留まり、テレビを見ない若者でも知っているＣＭになっていった。

そのノリに応えるかのように、メーカーや広告を制作する側も、さらにいじりたくなるＣＭをつくり、それをまたクリエイターである若者たちがアレンジして、みんなで盛り上がる……というコミュニケーションが何年にもわたって続いています（元からそれを意図していたわけではなく、当初は偶発的なものだったかも知れませんが）。

完成度の高いＣＭをつくって終わりではなく、「それを見る若者たちも、広告をより面白くするクリエイターである」と認識し、若者たちのクリエイター心を刺激することが、シェアされやすい広告コミュニケーションの仕掛けになる、ということを示した事例です。

商品を「擬人化」させるキャンペーン

近年では、サントリーも積極的にクリエイター心を刺激する戦略を採っています。

２０１２年には、ユーザーである絵師たちから「ＣＣレモン」を擬人化したキャラクターを募集、受賞者には賞品・賞金を進呈するだけでなく、受賞作品を広告デザインに採用する、というキャンペーンを行いました。

これがヒットしたことから、翌年には「オランジーナ」を擬人化するキャンペーンも行っています。

ドリンクからイメージを膨《ふく》らませて、可愛い女の子のキャラクターを描くというのは、非常に強い妄想力、クリエイター心、高いスキルを要する作業だと思いますが、それがヒットキャンペーンになり得る。しかも、サントリーのような企業がそれを企画する、というところに、若者の誰もが「ぬるオタ」化している今日的な事情があるように思います。

企業がつくった広告よりも、等身大の誰かがつくったものに強い共感を覚える。しかも、それが非常にクオリティの高いものだと、賞賛したり、自分もクリエイトしてみたくなったりする。

そういうマインドが、ユーザーをクリエイターとして巻き込んでいく広告コミュニケーションが盛んになっている背景としてあると思います。

バーチャルで妄想させる仕掛け

今時の大学生、高校生たちの心を捉えるには「バーチャルで妄想させる」という戦略も有効です。リアルとバーチャルの境界がより曖昧《あいまい》になっている彼らに、まずはバーチャルで商品やサービス、空間を体験してもらい、リアルでの消費につなげていく。

それを上手く行った例としては、JRAの「好き撮り！ MY JOCKEY」というキャンペーン・サイトが挙げられると思います。

篠田麻里子さんが東京競馬場の芝生を歩いたり、施設内のカフェでくつろいだりしているところをカメラが追っているのですが、その構図が、まるで恋人同士のような目線になっている。動画を見ている人自身がカメラを構えて、東京競馬場でデート中の篠田麻里子さんを撮影しているような感覚です。

しかも、お気に入りの場面で「撮影する！」というボタンを押すと、その場面がクリッピングされ、最後には、自分だけの写真集をつくることができます。

東京競馬場と篠田麻里子さんを独り占めにしているような感覚を味わいながら、いつの間にか、芝生のきれいさ、カフェのオシャレさなどもバーチャル体験している。

競馬場に行ったことがない若者にも、妄想させることによって『競馬場っていいな、行ってみたいな』と思わせる、鮮やかなキャンペーンだったと思います。

リアルで体験してもらうことには限界がありますが、バーチャルであれば、限界はありません（極端なことを言えば、妄想で宇宙空間を体験してもらうこともできます）。新しいマーケティングを考える上で、非常にチャンスが広がりやすい手法です。

「みんなはどう思っているんだろう？」を視覚化し、共有する

「バーチャルで妄想させる」という戦略の例をもう一つ紹介させてください。

ブルボン「フェットチーネグミ」という商品の「みんなであ〜んキャンペーン」です。

弊社ADKで手がけた事例で、メインは本田翼《つばさ》さんを起用したテレビCMなのですが、クライアント企業から、CMとは別に「大学生向けのキャンペーンをウェブで展開してほしい」という要望があり、ワカスタのメンバーたちと企画しました。

グミの中でも細長く、つまんで口に入れやすい形状である「フェットチーネグミ」。その特性を活かして、彼氏・彼女から「あ～ん」されているところをバーチャル体験できる動画としてつくりました。

出演者は、モデルやタレントではなく、慶應義塾大学、同志社大学、関西大学という3校のミスコン・ミスターコンのファイナリストたち、総勢22人です。

「どうすれば、大学生たちの妄想をよりかき立てられるか」という観点から、彼らにとって身近な存在である、同じ大学生を起用しました。

一方的に動画を見せるのではなく、お気に入りの男子・女子がいたら「あ～ん」ボタンで投票できるようにして、イベントに参加している感覚も味わってもらう。いじれるネタとしてシェアしてもらいやすいようにする、ということも考えたキャンペーンです（結果、予想以上のアクセス数を獲得し、限られた予算の中で非常に効果のあった、費用効果の高いキャンペーンとなりました）。

これはニコニコ動画に象徴されていると思いますが、今時の若者たちには「みんなはどう思っているんだろう？」「何を支持しているんだろう？」ということを知りたがるマインドもあります（ニコニコ動画は、ユーチューブ、ＧＹＡＯ！を合わせた三大動画サイトの中でも特に若者の利用率が高いサイトです。その人気の理由は、動画が流れている画面に見ている人たちのコメントが表示される仕様にあると思います。つまり「みんなはどう思っているんだろう？」が分かる）。

「みんなであ〜んキャンペーン」で投票結果をリアルタイムで分かるようにしたのは、それを視覚化する狙いもありました。

上の世代には、オタクというのは一部の特殊なマインドを持った人たちだと思っている人がまだ多いと感じますが、より若い世代では、８割近くもの人たちが、自分のオタク要素を自覚している、誰もが「ぬるオタ」と言っていい状況になっていることをまず認識する必要があるかも知れません。

そんな彼らを攻略するマーケティングのポイントとして「趣味コミュを攻める」「クリエ

イター心をくすぐる」「バーチャルで妄想させる」という3点を挙げました。

第9章のテーマは「コスパ至上主義」。

若者たちの「ケチ美学」がさらに進化し、情報を駆使してコスパを徹底するようになっている。そのマインドに適《かな》うマーケティングのアプローチを考えていきます。

第9章 コスパ至上主義
——若者たちを動かす「誰トク」精神

使えるお金の減少＝満足感の減少ではない

２００９年11月にクリス・アンダーソン著『フリー〈無料〉からお金を生み出す新戦略』（日本放送出版協会）という本が日本でも発売され、ベストセラーになったように、特にウェブの世界においては、企業が無料の商品やサービスを提供することによって、いかに利益を上げていくか、ということが当たり前に追求されるようになっています。

そうした環境で、中学・高校時代を過ごしてきたのが、今の大学生以下の若者たちです。安いどころか、無料で手に入るものもたくさんあることを知っている。

今時の若者たちは、確かに「自由に使えるお金」は減っています。しかし、それは必ずしも、「手に入れられるもの」が減っていることとイコールではありません。

コストパフォーマンスを徹底的に追求したり、無料の商品・サービスを活用したりすることにより、生活の満足感は高められる。その意識が高く、また、方法も知り抜いている人が多いのも、今時の若者たち、特に大学生以下の世代の特徴だと思います。

「い・ろ・は・す」が若者に受けている理由

今時の若者たちほどコスパ意識の高い世代は、かつて存在しなかったかも知れません。大

図14 「6月以降の仕送り額(月平均)」から「家賃」を除いた生活費の推移

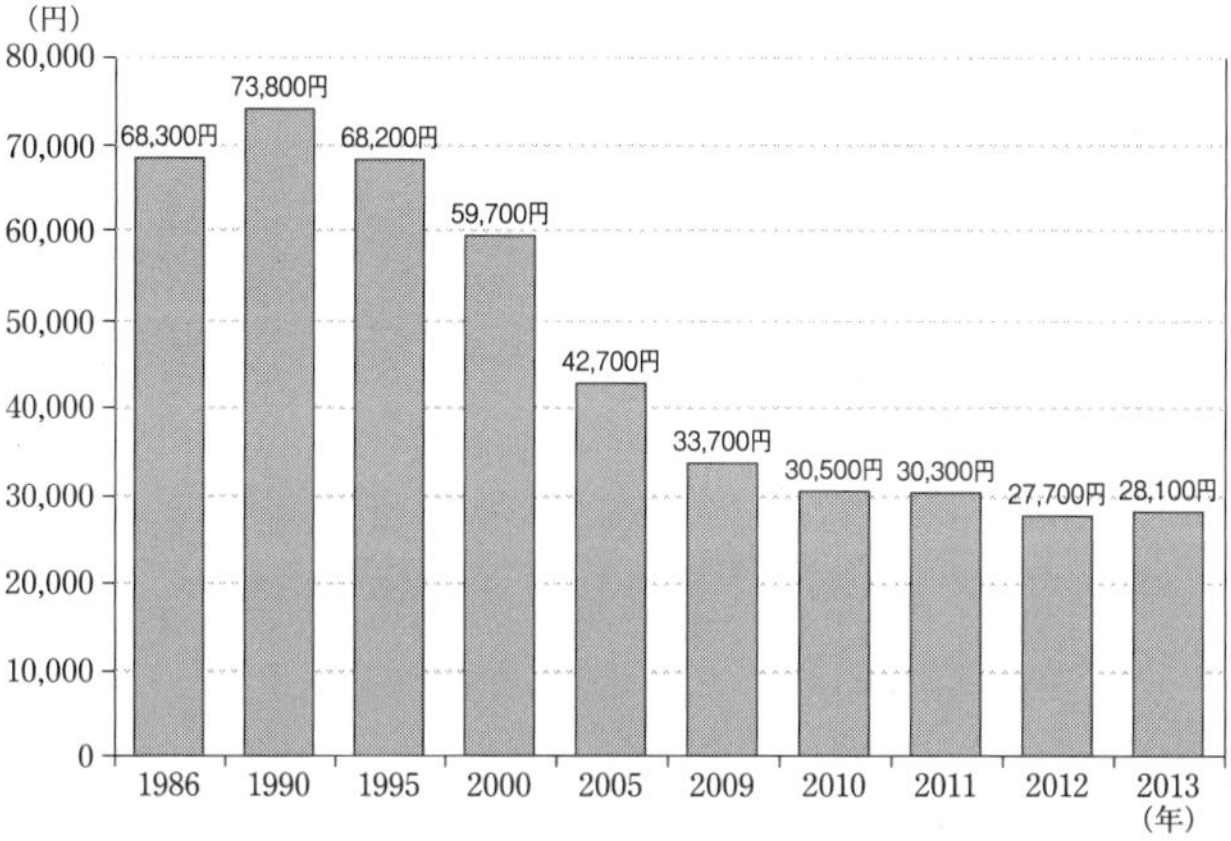

出典　東京地区私立大学教職員組合連合「私立大学新入生の家計負担調査 2013年度」

学生たちの消費に関する話を聞いていても、「コスパはどうなの?」という言葉をよく耳にします。

そうしたコスパ意識の高さが表れている例として面白いのは、日本コカ・コーラ社の「い・ろ・は・す」が、若者に受けている理由です。

発売からわずかな期間で、若者たちの支持を獲得し、ミネラルウォーターというジャンルのトップブランドに上り詰めた、飲料業界では異例の大ヒット商品ですが、なぜこれほど売れているのか（特に、若者たちの心を捉えることに成功したのか）。

白地に緑のシンプルなリーフをあしらったロハスなイメージのデザインや、飲み終わった後、ペットボトルをクシャクシャッと小さくして捨てられるエコロジーさも、その理由として挙げられると思いますが、大学生たちの「生の声」を聞いてみると、「そこだけじゃない」という答えが返ってきます。

彼らが、数あるミネラルウォーターの中から「い・ろ・は・す」を選ぶ理由として一様に挙げるのは、

「他のミネラルウォーターに比べて容量が多いから」

ということです。

確かに「い・ろ・は・す」は、他のミネラルウォーターが５００ミリリットルを基準としていた時代に５２０ミリリットルの商品として発売されました（私は学生たちに言われるまで気づきませんでした）。

自分たちにとって、ミネラルウォーターの味の差はそこまで重要じゃない、それよりも量の差だ、と。わずか20ミリリットルの違いでも、同じ値段のミネラルウォーターなら、容量の多い方を選ぶ……という若者たちのコスパ意識の高さです。

そのポイントに気づいたサントリーが「サントリー天然水」を５２０ミリリットルにして追随。

すると今度は、日本コカ・コーラ社が「い・ろ・は・す」を555ミリリットルにするという展開が続き、ミネラルウォーターは今、容量合戦の様相を呈するようになっています。

ネットワークを活かして情報を駆使する

コスパを徹底しようとするとき、重要になるのは情報です。

私も、ワカスタのメンバーたちと交流していて、「情報を駆使することで、ここまでコスパを徹底できるんだな」と勉強になることがたくさんあります。

たとえば、その日だけ無料で手に入るアプリやゲーム。その情報を自分一人で毎回チェックするのは大変ですが、SNSでつながっている誰かがその情報に気づいて、仲間たちとシェアしようとすることで、「今、これが無料だよ」という情報が自分にも回ってきます。

よりニッチな情報としては、たとえば、「早稲《わせ》トクーポン」という、早稲田大学周辺の飲食店などだけで使える割引クーポンを集めたサイトがあり、その広告はほとんど行われていませんが、早稲田大学の学生なら、ほとんど誰でも知っている。

お得な情報があると、それをみんなでシェアしようとするマインドが、今時の若者たちにはあるからです。

無料配布や割引の情報だけでなく、「こういうものを探している」ということをツイッターやフェイスブックなどで提示しておくと、「それ、ここでシェアできるよ。レンタルできるよ」と教えてくれる人がいたり、そのアイテムが出品されているフリーマーケットや物々交換のサイト、個人ブログなどを紹介してもらえたりもします。

面白いところでは、美容師の知り合いを持つ人が「この美容院がカットモデルを探しているよ」という情報を教えてくれて、無料で髪をカットしてほしい人と美容師をつなげたりもする。

ネットワークが広がっていればいるほど、そういうお得な情報がすいすい入ってくるようになります。

それによって、欲しい物やサービスをより安く、場合によっては、無料で手に入れられるようになる。しかも、自分で情報を探す手間も時間も節約できます。

こうした「コスパの徹底」を当たり前に行っているのが、今の大学生たちです。

そのための情報を駆使できない、割引や無料で手に入れられるものを定価で買ってしまう人は、しばしば「情弱」と呼ばれます。情報弱者を略した、相手をやや馬鹿にする言葉です。

情報の価値が増している時代だから、こういう言葉も生まれたのかも知れません。

「お得な情報」をシェアして感謝されたい

マーケティングをする側の立場から言えば、昔は、たとえば、割引セールの情報を広めようとするとき、広告を打ったり、チラシを配ったり、ダイレクトメールを送付したりする必要がありました。

今時の若者たち、特に大学生以下の世代を対象とする広告コミュニケーションでは、それは必ずしも必要ありません。本当にお得な情報であれば、こちらが押しつけなくても、若者たちが積極的にシェアしようとするからです。

第5章「せつな主義」で、若者たちがボランティアを行う理由として、「ありがとうの一言や他人から感謝されることが嬉しい」という項目が上位に来ることを紹介しましたが、これは、彼らがお得な情報をシェアしようとする理由でもあると思います。

お得な情報を教えてあげることによって、仲間たちから「ありがとう」と言われたい、感謝されたい。

そのマインドに、今時の若者たちが持つ「ケチ美学」「コスパ至上主義」が重なって、お得な情報を爆発的に波及させるパワーになっているのではないでしょうか。

私もマーケッターとして戦略を考えるとき、このポイントをとても重視しています。ただ、安くなる、無料になるだけのキャンペーンではなく、本当に価値のある商品、お得感のあるサービスを提供しようとする。若者たちが情報をシェアしたときに「ありがとう」と言われるようなキャンペーンを展開しなければいけない、ということです。

「2ちゃんまとめ」「NAVERまとめ」——情報収集も効率重視

現代を生き抜くために、情報は非常に大切なものですが、どんな情報でもいいわけではありません。

一人の人間が接する情報の量が、処理できる量をはるかに超えてしまっている時代でもある(一説には10万倍とも言われているそうです)ので、若者たちは、情報収集においても効率を非常に重視します。

膨大な情報に埋もれて暮らしている彼らからスルーされないためには、情報を提供するときにどんな工夫が必要になるでしょうか? それを考える参考として、情報に関する若者たちの意識が、以前とどう変わっているかについて説明しておきましょう。

昨今、ウェブでは「○○まとめ」というサイトが流行っていますよね。これも、情報収集に効率を求める若者たちのマインドを反映してのことだと思います。

その代表的な事例とも言えるのが「2ちゃんまとめ」です（そういう一つのサイトがあるのではなく、匿名掲示板「2ちゃんねる」の内容をまとめたサイトが複数存在しています）。

今時の若者たち、特に大学生以下の世代は、勉強やサークル活動、就職活動やインターン、つながりを維持するための活動などで、とても忙しいので、2ちゃんねるそのものを見るのは大変だと思います。

内容を理解するのには邪魔になる煽《あお》り合いが行われていたり、笑いを意味する「w」が大量にあったり、アスキーアートと呼ばれる絵が入っていたりして、何度もスクロールして読み込まなければ、そのスレッドに何が書いてあるのか掴みにくい。

その主要部分だけをまとめて、全体を把握しやすくしたものが「2ちゃんまとめ」です。その出現により、忙しいリア充でも2ちゃんねるを見られるようになりました。「激おこぷんぷん丸」のような、2ちゃんねる発祥の流行語がリア充な女子大生たちにも広まったのは、それが普及したためだと思います。

2ちゃんねるは一時期、パソコンに張り付いている余裕がある人たちがメインのサイトになっていましたが、今は「2ちゃんまとめ」を通じて、若者にも影響を与えるサイトになっています。

より役に立つ情報をまとめたサイトとしては「NAVERまとめ」がもっともメジャーではないでしょうか。

時事ネタや雑学ネタ、ライフハック系のネタ、面白動画など、さまざまなテーマごとに、ウェブ上の良質なブログからポイントをキュレーションして、一つの記事のように読めるようにしたサイトです。

個人ブログというのも、若者たちの情報収集の場として、あるいは、つながりの場として、とても重宝されているのですが、同じテーマのブログがありすぎて、どれを見ればいいのか分からない。その個人ブログ探しをサポートしてくれるのが、「ランキング形式のサイト」です。

スマホ、ガラケーからの利用に特化した、デコレーション素材を簡単に使えるブログ提供サイト「デコログ」やファッション通販サイト「ZOZOTOWN」がユーザーに提供している「ZOZOPEOPLE」などが有名だと思います。

また、若者たちは覚えなければならないことがたくさんあるので、「このポイントだけ押さえておけばいい」という必勝法やテクニックをまとめているサイトも人気です。限られた時間で効率的に情報を得たいという、若者たちのマインドを象徴する事象だと思います。

iPhoneが若者たちに普及したきっかけ

第1章「チョイスする価値観」の中で、今時の若者たちは、上からの押しつけを嫌い、世の中にあるものを「自分ものさし」ではかってチョイスする、ということを書きました。

これは情報の取捨選択においても同じです。どんなに有益な情報、お得な情報であっても、それをマスメディアや企業などから押しつけられると、他人事《ひとごと》として冷ややかな目で見てしまう（または「本当は裏があるのでは?」と訝《いぶか》しんでスルーしてしまう）。

彼らにとって重要なのは、その情報を教えてくれたのが「誰か?」ということです。その人は、自分に近い価値観を持っている人なのか、「自分ものさし」ではかったときに認められる「誰か」なのか。

若者たちにiPhoneが普及した経緯が象徴的かも知れません。

２００８年夏に「ｉＰｈｏｎｅ ３Ｇ」が日本に上陸したとき、真っ先に飛びついたのは、新しいもの好きの30代より上の世代の人たちでした。それに対して、20代以下の若者たちは「これ、本当に使えるの?」という冷ややかな目で見て、ブームからやや距離を置いていた。

そんな彼らにもｉＰｈｏｎｅが普及していくきっかけとなったのは、「就活に使える」という、自分に近い、同世代の人たちの口コミだったと言われています。

アップルだから、スティーブ・ジョブズだから、というブランド感ではなく、自分に近い生活を送り、近い価値観を持っている「誰か」から発信された情報だから信じる、という姿勢です。

膨大な情報を処理しながら生活しているデジタルネイティブ世代の若者たちは、企業側から提供される情報には、商品やサービスを良く見せようとするバイアスがかかっていることをよく知っていて、そういう情報を押しつけられると、反射的に遮断するようになっています。

そんな彼らだから、「自分が認めた誰か」が勧めているもの、ということを重要な拠《よ》り所にするようになっているのではないでしょうか。

なぜ「読モ」の彼氏・彼女まで紹介するのか

同じ文脈で説明できるのが、いわゆる「読《どく》モ」と呼ばれる、ファッション誌の読者モデルの位置づけです。

私が高校生・大学生だった2000年前後のことを思い出してみると、当時は『東京ストリートニュース!』(学習研究社=現・学研ホールディングス)というファッション誌が一世を風靡《ふうび》していて、その人気読モだった妻夫木聡さんや山本梓《あずさ》さんは、芸能人と同じような扱いを受けていました。

誌面のつくり方も、読者と同じ現役高校生だった彼らをいかにスター扱いし、憧れさせるか、という意図で構成されていたように思います。

最近のファッション誌は、むしろ、そういう読モのスター扱いを避けるようになっていますよね。

たとえば、読モのカバンの中身をすべて見せたり、「これが私の彼氏・彼女です」ということまで紹介したりする。

そうすることによって、彼らが、読者と同じような生活を送っている「等身大の誰か」であると示すこと、そして「こういう彼氏・彼女を持っている人なら、自分と価値観が近いかも」と思わせる材料を与えることが重要になっているからだと思います。

グルメガイドの変遷――「顔が見えるユーザーの情報」が求められている

こうした変化は、ウェブ上のグルメガイドの流行にも表れているかも知れません。

この分野の草分け的な存在である「ぐるなび」は、飲食店側から提供された情報を集めた食のポータルサイトでした。

それに対して、近年、一世を風靡しているのは、ユーザーからの口コミをメインコンテンツとする「食べログ」です。

「ぐるなび」から「食べログ」へという変化は、言い換えれば、企業側から提供された情報を受け入れる時代から、ユーザーから提供された客観的な情報が求められる時代への移行だと思います。

さらに今、若者の利用率が高まっているのは、「レッティ（Ｒｅｔｔｙ）」というソーシャルグルメガイドです。

その大きな特徴は、口コミを投稿する「人」に重点が置かれていること。まずは信頼できる投稿者のフォロアーになって、「この人が勧める店なら行ってみたい」というふうに、人を軸に飲食店探しをする仕組みになっています。

もはやユーザーから提供された情報が求められる時代であることは当たり前になっている。その上で、そのユーザーが「どんな人か？　自分と価値観が合う人か？」ということが重要になっている。

そういうマインドの変化が「ぐるなび」→「食べログ」→「レッティ」という、若者のシェア率が高いグルメガイドの移り変わりに反映されているのではないかと思います。

情報をシンプルに扱いたい若者たちにとって、数十件、数百件とある口コミの中から、いちいち価値観が合う人の情報を探し出すのは大変で、信頼できる人からの情報だけに集約したい、という面があるのです。

「雪マジ！19」のヒット要因――明確な「誰トク」を提示する

情報に関する若者たちの意識の変化を説明する話が長くなりましたが、「情報を駆使してコスパを徹底する若者たち」の話に戻りましょう。

そんな彼らには、どんなマーケティングのアプローチが有効でしょうか？

一言で表現するなら、それは「明確な『誰トク』の提示」というポイントに尽きると思います。

「誰トク」というのは、今時の若者たちがよく使う「それ、誰が得するんだ?」を略した言葉です。冗談っぽく使われる言葉ではあるのですが、彼らの「コスパ至上主義」を象徴する言葉でもあるように思います。

つまり、若者たちに広告コミュニケーションを仕掛ける側が「それ、誰トクなの?」と問われていることを常に意識して、明確な提示を行わなければ、彼らの心を捉えることはできない、ということです。


前述の「い・ろ・は・す」は「一目で分かる容量の違い」という明確な「誰トク」を提示していますが、特定の人だけ割引になったり、無料になったりする「限定された『誰トク』の提示」も、有効な考え方だと思います。

それを上手く行っている事例として挙げられるのが、リクルートライフスタイルの「雪マジ!19」です。

「マジ☆部」というスマホのアプリがベースになっているのですが、「雪マジ!19」では、19歳の人がこのアプリに登録して、全国の参画スキー場に行くと、何回でもリフトが無料に

図15　「雪マジ！19」プロジェクト実績の推移

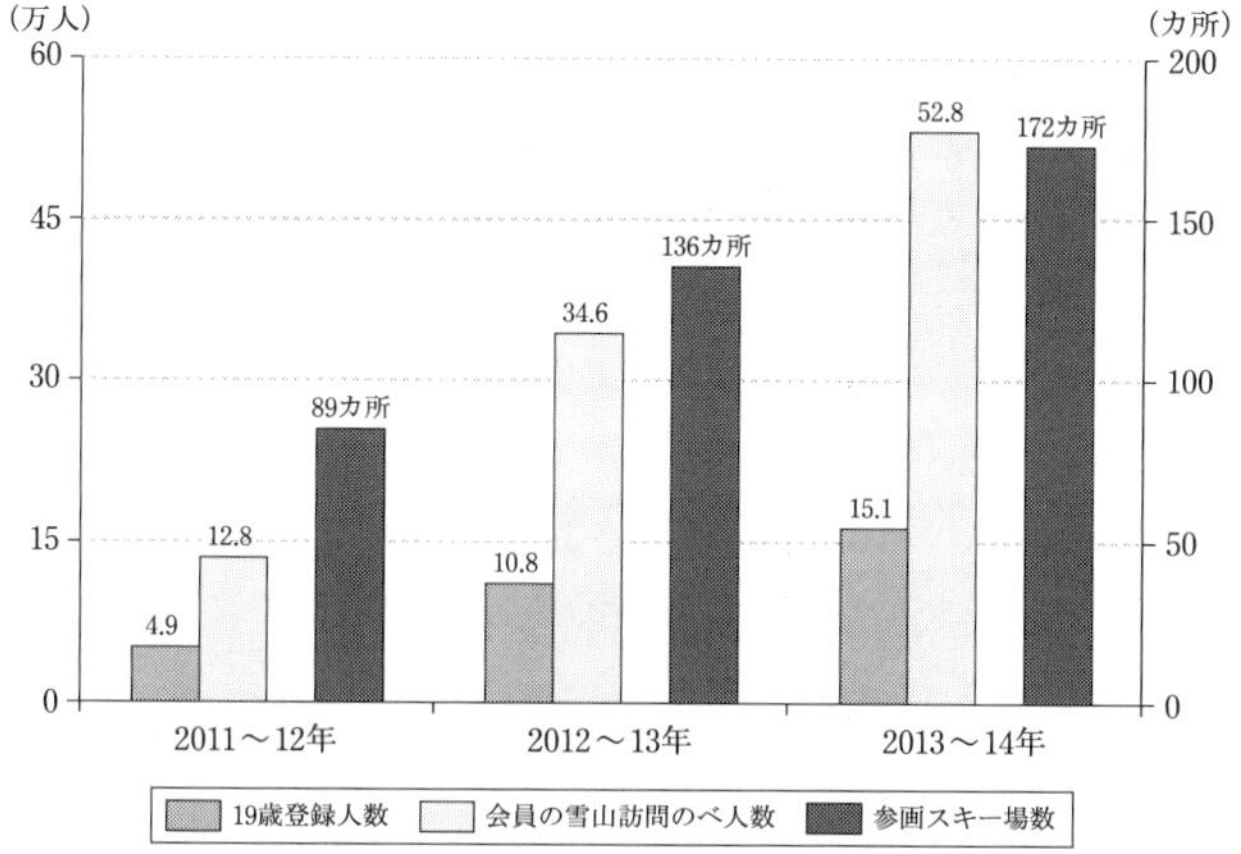

出典　『とーりまかし』(2014年６月号)

なります（その「会員の雪山訪問のべ人数」と「参画スキー場」の増加ぶりを見ても、いかに若者たちにワークしているかが分かるのではないでしょうか）。

その大きな成功要因は、一つには「19歳の人が得をする」という「誰トク」が非常に分かりやすいキャンペーンになっていたこと、もう一つには、そのお得な情報を「誰と情報をシェアしたいか」と考えたときにも、やはり19歳の友達である、という特性を掴んでいたことだと思います。

社会人になると、付き合う友達の年齢はバラバラになってくるものですが、学生のうちは、同年齢の人が友達に多いですよね。しかも、19歳というのは、高校時代の友達とのつながりも大事にしたいし、大学や専門学校で新しく知り合った友達とも絆《きずな》を深めたい時期です。

「雪マジ！19」は、その19歳同士のつながりを深めるツールとして提供された無料キャンペーンだったから、若者同士で爆発的に情報を広め合うパワー、若者たちが持つ波及性の高さを味方につけて、ここまでのヒットキャンペーンになり得たのだと思います。

年齢でセグメントする広告が効果的なもう一つの理由

ちなみに、今、こうした年齢でセグメントするキャンペーンがワークしやすい理由がもう一つあります。

それは、フェイスブックがあることです。

フェイスブックは基本的に実年齢で登録するので、マーケティングをする側からすると、年齢でセグメントするキャンペーンは効率よく広告を打つことができます。

「雪マジ！19」の成功を受けて、２０１４年秋からは「お湯マジ！22」というキャンペーンも開始されました。

今のところ、大分県の温泉だけですが、22歳の人が「マジ☆部」アプリから「お湯マジ！22」に参加すれば、県内100カ所以上の施設での日帰り入浴が無料になる、というキャンペーンです。

第2章「つながり願望」の中で、若者たちの銭湯利用率が高まっていることに触れましたが、手軽に旅行気分が味わえて、かつスマホを見ずに仲間との会話に集中できるということで、温泉人気も復活しています。

「雪マジ！19」の19歳というのは、生涯にわたって雪山に行くか行かないかの分かれ目になる年齢だそうです（19歳までにスキーやスノーボードの魅力を知った人は、その後も雪山に行き続ける）が、22歳というのは、ストレートに四年制大学に進んだ若者たちが卒業する年齢です。

「卒業旅行、どこに行こうか？」という話になったとき、「お湯マジ！22」があることが、「大分県の温泉に行こう」と考えるインセンティブになる、という狙いだと思います。

他にも、20歳の人だけ参画ゴルフ場のプレー料金が無料になる「ゴルマジ！20」、同じく20歳の人だけJリーグの試合観戦が無料になる「Jマジ！20」、21歳の人だけ都内の参画飲食店で生ビールが無料になる「ビアマジ！21」、20〜22歳の人だけ福島県内のゲレンデの平日リフト券が無料になる「雪マジ！ふくしま」などが展開されています。

サンプリングも若者ほどシェアされやすい

今時の若者たち、特に大学生以下の世代が持っている「お得な情報をシェアしようとするパワー」は、サンプリングにも応用可能です。

それを上手く行っている事例として挙げられるのは、エナジードリンクの「レッドブル」だと思います。

マーケティング活動の一環として、宣伝カーを走らせて「レッドブル」の試供品を配っているのですが、もっとも効率よく配布できるのは大学の周辺だそうです。駅前やオフィス街よりも、大学キャンパス周辺の方が、サンプルを受け取ってくれる人を獲得しやすい。

学生たちのSNSでのやりとりを見ていても「大学の正門でレッドブルなう」といったツイートをよく見かけます。そのツイートによって、キャンパス周辺にいる人は、一斉に正門に向かう。多くの学生に、短時間で効率的なサンプリングが可能となるのです。

また、そのとき現場近くにはいない（試供品をもらいに行けない）人も「レッドブル」という商品名やアップされた写真を目にすることになる。

お得な情報、何かを無料で手に入られる情報をシェアしようとするパワーが強い大学生たちだから、サンプリングが効果的な宣伝になる、ということを示している事例です。

若者たちを動かす「友トク」精神

「限定された『誰トク』の提示」だけでなく、「誰かにとっての『誰トク』の提示」も、若者たちほどワークしやすくなります。

近年、感謝や好意などを伝えたい人に、商品を直接贈るのではなく、SNSなどを通じて「ギフトを受け取ったり、選んだりする権利」を贈るソーシャルギフトが話題になっていますよね（贈られた側が通知画面を店頭で見せたり、所定のサイトにアクセスしたりすることで、商品を受け取れる。贈る側からすると、送り先が不要なので、住所を知らない人にも贈ることが可能）。

このソーシャルギフトの仕組みを使って、上手く無料キャンペーンを行っている企業もあります。

たとえば、クリスマスシーズンには、ファミリーマートのスパイシーチキンが一本無料になるクーポンを贈ることができたりする。

ソーシャルギフト・サービス業界の大手である「ギフティー（Ｇｉｆｔｅｅ）」の役員の方にお話をうかがったところでは（ギフトを贈るには、ある程度の経済的な余裕が必要なので）、ソーシャルギフト全体としては20～30代の利用者が多いものの、無料ギフトになると、大学生以下の利用者の割合が跳ね上がるそうです。


企業側からの視点で見れば、ただ無料サンプルを配るのではなく、そこに「友達からのプレゼント」という行為を挟むことによって、もらい手の受け取ったときの喜びを高めようとしているのですが、これをユーザーである送り手側からの視点で見ると、ユニークに思えてこないでしょうか。

合理性だけを考えるなら、無料クーポンを自分で発行して、自分で使う方がいいはずですが、わざわざ手間をかけて発行しても、自分では使えない、贈られた側だけが得をするクーポン――。

このサービスを成立させているのは、「友トク」精神と呼ぶべきものではないかと思います。

コスパを徹底しようとする若者たち。彼らの中では、「お得さ」をシェアする、分け与える、ということに大きな意味がある。「それ、誰トクなの?」と考えたときに、必ずしも「俺トク」にはならなくてもいい。「友トク」になることなら、積極的に行動しようとする。

そして、そういうマインドを日常的な行動原理としているのが、私の考える「つくし世代」の一面でもあります。

第10章では、ここまでのまとめをしながら、改めて「つくし世代」という「若者たちの中に生まれつつある新しい潮流」について論考していきましょう。

第10章 つくし世代

――自分一人ではなく「誰かのために」

「自分以外の誰か」が意識されている

本書では、第1章から第5章までで、今時の若者たちを「2015年に30歳になる人たちよりも若い世代」と定義し、彼らに特徴的なマインドを「チョイスする価値観」「つながり願望」「ケチ美学」「ノット・ハングリー」「せつな主義」という五つに整理して説明しました。

第6章から第9章までは、今時の若者たちの進化形とも言える大学生、高校生たち（2015年に23歳になる人たちよりも若い世代）に焦点を当て、彼らにおいて、特に進化しているマインドを紹介。デジタルネイティブ世代ならではの「友達」感覚、シェアしようとする意識の高さ、誰もが「ぬるオタ」化している現象、情報を駆使して、より安くて良いもの、場合によっては無料のものを手に入れようとするコスパ意識の高さなどについて説明しました。

ここまで読んでいただいただけでも、「ゆとり世代」「さとり世代」などと呼ばれる彼らの中に、それらの言葉だけでは捉えきれない新しいマインド、新しい方向性のようなものが芽生えつつあることを感じていただけたのではないでしょうか。

今時の若者たちには、「ゆとり」という言葉がぴったり来るほど呑気《のんき》に構えている人は少ないし、「さとり」という言葉からイメージされやすい「冷めた印象」とは異なる一面もあります。

若い世代であるほど、自分のメリットになることを積極的にしていかないと、損をする時代です。その中で、彼らは人との関係を築く努力をしたり、自分の存在意義をつくるための工夫をしたりしているし、「誰トクなのか」ということにとても敏感になっています。

また、面白いネタや情報、お得なキャンペーンなどを仲間たちとシェアしようとするときの圧倒的な伝播力、「みんなで楽しもう」「みんなでハッピーになろう」とする爆発的なパワーは、上の世代と比べても顕著な、今時の若者たちの特徴ではないでしょうか。

私がマーケッターとして13年間、試行錯誤しながら「どうすれば若者たちの心を捉えることができるのか」を考えてきて、また、若者研究者として、学生たちと日々交流しながら、彼らと一緒に今時の若者たちがつくる流行や文化を分析してきて、はっきりと感じているのは、彼らの行動や消費には常に「自分以外の誰か」が意識されている、ということです。

自分一人で楽しむのではなく、誰かと楽しみをシェアしようとする（逆に言えば、誰かとシェアするために面白いネタや情報を求めている）。

そこで、マーケティングをする側としては「発見感」と「いじれる感」をいかに提供できるかが大事になります。

お得な情報についても同様です。自分一人でおいしい思いをするのではなく、お得さを誰かと分け合おうとする。

だからこそ、マーケティングをする側には、本当にお得な情報、それを友達に紹介したとき、「ありがとう」と言ってもらえるようなキャンペーンを「明確な『誰トク』の提示」とともに提供することが求められます（また、さりげなく、重くなく、というポイントも重要です）。

さらに、今時の若者たちは、同じ時間とお金を使うのなら、友達との「つながり感」を高めたり、ハッピーを共有したりするために使いたいと考えます。

そこで、マーケティングをする側にとって大事になるのは、彼らが仲間たちと楽しい時間を過ごす機会、良い思い出をつくる機会をいかに提供してあげるか、ということです。そのためには、「フォトジェニックさ」や「非日常感」などがポイントになると思います。

「自分ごと」の範囲が広がっている

これは、マーケティングの用語で言えば、「自分ごと」の範囲が拡大している、というこ

図16 "自分ごと"の範囲が拡大している

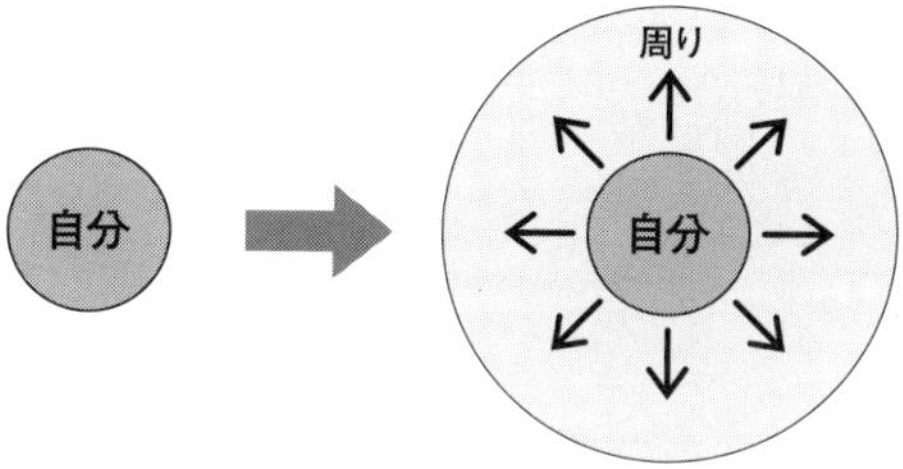

とです。
　マーケティングの世界では、商品やサービスをアピールするときに、それをいかに消費者にとって他人事ではなく「自分ごと」化させるか、ということが重視されるのですが、どんなことが消費者にとっての「自分ごと」になるかを考えるときに、必ずしも、本人の得にはならない、「友トク」になるようなことでもいい。その「友トク」の範囲が、リアルで日常的に接している親友といったレベルではなく、より大きなコミュニティ全体に広がっている。
　コミュニティの誰かが得をすることも「自分ごと」として捉え、積極的に行動しようとする。そのための環境・ツールが揃っていて、かつ、それを使いこなせるのが、今時の若者たちです。
　そういう観点を持っておくと、広告・マーケティングにおいても、あるいは商品開発においても、有効なアプローチの選択肢が広がるのではないでしょうか。

「つくし世代」とは何か？

今時の若者たちを「つながり」というキーワードで捉えようとする動きも、近年、定着しつつあります。

本書の中でも繰り返し述べてきた通り、それはとても重要な因子ではあるのですが、一方で、忘れてはならないのは、彼らは「つながり疲れ」「友達が増えすぎてしまう」といった問題も抱え、コミュニケーションをシンプルにしたい、というマインドも持っていることです。

ツイッターに鍵をかけている割合の高さ、リツイートよりもリプライを多用する人の多さに象徴されているように、彼らは自分とは関係ない不特定多数の人とやりとりしたいとは、あまり思っていません。

それよりも「にこいち」「BFF」「いつめん」、あるいは「趣味コミュ」の仲間たちと、もっと楽しみや喜びを共有し、みんなでハッピーになっていきたい、と思っている。

この傾向も、より若い世代であるほど顕著だと思います。

私が、今時の若者たちの特徴を捉える言葉として、より的確だと思うのは「つくし」という言葉です。

自分一人ではなく「誰かのために」を考えて行動する、みんなをハッピーにするために行動する。それを道徳観や社会性などに基づいてではなく、「その方が自分もハッピーだから」というシンプルな動機に基づいて、より日常的に、より気軽に行おうとする若者たち。

要するに、奉仕の精神なのですが、そう言ってしまうと、目上の人に無償で仕えようとする精神や、故マザー・テレサさんのような博愛精神が連想されやすいので、やはり「つくしの精神」、それも漢字ではなくひらがなで表現するくらいがちょうどいいと思います。

そのベースには「自分ものさし」や「ケチ美学」「コスパ至上主義」などの共有がある、ということも重要なポイントです。

今時の若者たちには、同じ「誰かのため」の行為でも、お中元やお歳暮などの習慣は（少なくとも今のままでは）馴染《なじ》みません。

そういう「世間の常識」にはとらわれないマインド、見栄のための消費を嫌ったり、無駄にお金を遣わされることを忌避《きひ》したりするマインドも、彼らにはあるからです。

自分たちのフィーリングで、コスパを徹底しながら、つくし、つくされ、みんなでハッピーになろうとする。

そういう「つくしの精神」を自然に体得し、日常的な行動原理、消費原理としている若者たち。

それが私の考える「つくし世代」です。

マーケッターとしての立場を離れて、学生たちの「生の声」に耳を傾けてみても、彼らが「つくしの精神」を持って行動していることをよく感じます。

たとえば、第7章で、今時の大学生、高校生たちがサプライズ好きであることに触れましたが、「最近、何でもない日にプレゼントをあげたり、もらったりしたことがある」という声もよく聞きます。

「ある参考書が見つからないと言っていたら、何でもない日に友達からプレゼントされた。日頃の感謝の気持ちってことで」

といった話です。

情報を駆使して、効率よく物を手に入れることが日常化している彼らだから、友達が欲しがっているものも、手間もお金もあまりかけずに入手し、気軽にプレゼントできるのかも知れません。

その他にも、「3000円でワイシャツを買うより、3000円で友達と飲む方が楽しい」「友達と旅行気分を味わったり、誰にどんなお土産《みやげ》を買おうかと考えているときが楽しい」といった話もよく聞きます。

本来は孤独な営みになりやすいオタク的な行為さえ、サブアカなどで誰かと情報をシェアしたり、刺激し合い、分かり合おうとしたりするのも、今時の若者たちに見られる傾向です。

冷たく合理的な時代だから「GIVE」が感動を生む

彼らがそういう精神を自然と体得したのは、一つには「それが必要な環境を生きているから」かも知れません。

第2章や第6章で書いた通り、今時の若者たちは、ラインやSNSなどによって、四六時中誰かとつながっています。だから、そもそも一人になる時間があまりない。

そのため、自然と「自分ごと」の範囲が広がった、自分一人ではなく「誰かのために」を考えるようになった、という面があるのではないでしょうか。

また、リスク回避という面もあるでしょう。

自分一人で楽しもうとしたり、自分だけ良い思いをしたりしようとすることで、仲間から浮いてしまう、つながりからはずれてしまう。それを無意識的に避けようとしている心理もあると思います。

社会的な成功に対する欲求という面でも、人を出し抜いて自分一人で成功しようとするマインドは、彼らにはあまり見られません（成功したときのリターンは大きいけれど、成功する確率が下がってしまう。そのリスクを避けようとしている面があると思います）。

それよりも、誰かの力を借りながら、自分も誰かに力を貸しながら、みんなで成功に向かっていきたい。その方が無駄なく、効率的だ、という考え方が、今時の若者たちにはあるように感じます。

さらに、本書でここまでに触れてこなかった理由としては、「教育環境のさらなる変化」も無関係ではないかも知れません。

小中高等学校で2000年から段階的に導入されている「総合的な学習の時間」では、自分たちで目標を設定して学習に取り組むのですが、そのときに、グループで協力して学習したり、友達同士で教え合ったり、ということもするそうです。その中で、自分一人で成果を上げるのではなく、みんなで成果を上げよう、というマインドが育まれた面もあるのではないかと思います。

しかし、それらの理由よりも、私が大きいと考えているのは「合理的な時代だから」ということです。

何事にも効率が優先される時代の中で、人と人とがじっくりと時間をかけて交流を深めたり、心を触れ合わせたりする機会は、減ってしまいがちだと思います。

また、ウェブの進化は、ともすると、人と人とが関わらなくても済むように、生活環境を変化させてきました。たとえば、何かを予約するときにも、ほとんどの場合には、誰とも会話を交わすことなくできてしまうし、誰とも顔を合わせずに買い物をすることもできる。そうしようと思えば、誰ともコミュニケーションを取らずに一人で生きていくことも可能な時代です。

だからこそ、仲間からのちょっとした「つくし」が嬉しいのだと思います。

それがたとえ、無料で手に入るクーポン券、ゲーム内でのハートや無料アイテムのようなもの、物ですらない情報であっても、嬉しい。サプライズでそれをしてもらえたら、もっと嬉しい。大げさに言えば、感動する。

そういう、ちょっとした「GIVE」を気軽に行いやすい環境も、ウェブの進化は提供してきました。

それを活かして、与えたり、与えられたりすることの喜びを子どもの頃から何度も経験することによって、「つくし世代」のマインドは育まれるのではないかと思います。

「つくし世代」が何年生まれから何年生まれまでを指すのか、といった具体的な定義は、これから議論されていけばいいな、と思いますが、本書では仮に、2015年に30歳になる1985年生まれの人たちよりも若い世代、なかでも、より下の世代であるほど、「つくし世代」としての特徴が顕著である、というふうに定義させてください。

今後、そういう若者がますます増え、その特徴にフィットする優れた商品やサービスが成功しやすくなる、と私は予想しています。

「ゆとり世代」「さとり世代」という言葉を完全否定して、それを「つくし世代」という言葉で修正しようとする意図はありません。

特に「さとり世代」というのは、今時の若者たちの一面を上手く捉えている言葉だと思います。

しかし、「ゆとり」「さとり」という言葉で彼らをくくってしまうことで、見えにくくなる重要な一面がないでしょうか？　そして、そこにこそ、上の世代にはない、今時の若者たちの特徴があるように思います。

そこに含まれる能動的なマインドは「つながり」という言葉でも十分には捉えられないかも知れません。

それゆえの「つくし世代」――。

彼らが持つパワフルでポジティブな一面を、そういう言葉で捉えることで、今時の若者たちを攻略する広告・マーケティングのアプローチも考えやすくなるのではないでしょうか。

終章　若者たちはなぜ松岡修造が好きなのか

「ボスとリーダー」の違い

本書では、主にマーケティングの観点から、今時の若者たちを分析してきましたが、最後に少しだけ、人事の観点から、彼らのことを考えてみたいと思います。

その参考としたいのは、ハリー・ゴードン・セルフリッジ（イギリスの高級百貨店チェーンの創業者）の「ボスとリーダー」論です。

以前、ウェブでも話題になったので、ご存知の方も多いと思いますが、セルフリッジは、ボスとリーダーの違いを次のように明快な言葉で説明しています。

・ボスは部下を追い立てる。
リーダーは人を導く。
・ボスは権威に頼る。
リーダーは志と善意に頼る。
・ボスは恐怖を吹き込む。
リーダーは熱意を吹き込む。
・ボスは「私」と言う。

図17　ボスとリーダー論

リーダーは「我々」と言う。
・ボスは「時間通りに来い」と言う。
リーダーは時間前にやってくる。
・ボスは失敗の責任を負わせる。
リーダーは黙って失敗を処理する。
・ボスはやり方を胸に秘める。
リーダーはやり方を教える。
・ボスは仕事を苦役に変える。
リーダーは仕事をゲームに変える。
・ボスは「やれ」と言う。
リーダーは「やろう」と言う。

これは、今時の若者たちが求める「良き上司」像、「良き経営者」像の簡潔なまとめにもなっていると思います。

明確な「自分ものさし」を持ち、上からの押しつけを嫌う今時の若者たち。彼らを権威によって強制的に動かそうとするのは、もっとも上手くいかない方法です。どれだけ社会的立場が高い人からの命令であっても、彼らは、自分たちが納得できないことであれば、積極的に動こうとはしません。

上の世代には、「偉い人が言うのだから従おう」「仕事だから仕方がない。今、我慢すれば……」といったマインドもあったと思いますが、今時の若者たちは、不確かな将来のために今を犠牲にしたくないという「せつな主義」を持っているので、「辞める」という選択をする人が多いと思います。従い続けることも反発することもせず、あっさり会社を辞めてしまう。若者の「スピード退職」の背景には、おそらくそういう事情もあるでしょう。

今時の若者たちのパワーを引き出すためにまず大切なのは、上から目線で「やれ」と命令するのではなく、対等な目線で「一緒にやろう」と語りかけること、そして、誰よりも熱意を持って仕事に取り組み、先頭に立って彼らを引っ張っていこうとすることです。

就活生に人気の高い企業では、ホームページでも、そういう姿勢を意識的に見せていますよね。

顔が見える「等身大の誰か」からの情報を重視する今時の若者たちに向けて、まず若手社員が仕事の喜びや苦労を語り、その彼らを率いているのが、こういう志を持つ上司です、という「人」の見せ方をしている。

会社の歴史や業績のすごさ、会長や経営者のキャリアの立派さなどをどれだけアピールしても、今の大学生、高校生たちの心には響かないと分かっているからだと思います。

余談ですが、セルフリッジの言うリーダー像の一つの典型は、日本の有名人で言えば、松岡修造さんではないでしょうか。

１９９５年のウィンブルドン選手権でベスト8に進出している、日本人テニス・プレイヤーとしては歴代でもトップクラスの選手だと思いますが、そういう権威に頼ろうとは決してしない。

指導している若者たちの中に入って、対等な目線で「やろう！」と語りかけ、自分が誰よりも熱くあることで、みんなを引っ張っていこうとする。

もちろん、今時の若者たちがみんな松岡修造さんを好きだ、と言いたいわけではありません。しかし、権威のある偉大な人物よりも、松岡さんタイプの人を好むのも確かです。

明確な目標を持って、そこに熱く突き進んでいる（また、今時の若者たちにとっては「実力はあるのに、完璧ではなく、いじれそうなスキがある」ということも大事で、そこもネタとして受けている理由の一つだと思います）。

だから、松岡修造さんの名言が注目されたり、カレンダーがベストセラーになったりする現象が起こっているのではないでしょうか。

若者たちに共感を伝える「それな」マインド

私も30代半ばになり、会社ではシニアプランナーとして、ワカスタでは主催者として、ふつつかながら、若者たちを率いています。

彼らと接するとき、私がいちばん大事にしているのは、自分とは違う意見ややり方を「尊重する」ということです。

私の方が経験年数が長かったり、少しだけ長く人生を経験していたりするので、彼らのやり方が非合理的に見えて「こうした方が良いよ」と言いたくなることもたまにあるのですが、そういう上からの押し付けはせず、「自分とは違う環境、時代背景に生まれ育った彼らは、私とは違う価値観を持っているのかも知れない、私よりもっと時代に合った良い方法を知っているのかも知れない」と考え、彼らの意見に耳を傾け、やり方を尊重しようとしています。

そのとき、私が心の中で言っているのは、「それな」という言葉です。

これは若者たちが日常会話やSNSなどでやりとりするとき、頻繁に使う「共感」を示す言葉なのですが、このくらいの軽さ、短さが良いのではないでしょうか。

あまりにもたくさんの言葉を使って共感を示そうとすると、微妙な「自分っぽさ」を大事にする彼らに、かえって「ちょっと違う」と思われやすい。なので、心の中に「それな」という言葉を用意しておいて、彼らの話を聞く。分かるよ、共感しているよ、ということだけ軽く伝える。

これも、私が若者たちと密に向き合うことによって学ばせてもらったことの一つです。


今時の若者たちは、上の世代の人たちから理解されることをあきらめてしまっている面があると思います。

「どうせ分かってはくれないだろう」と考えて、無難な面だけを見せようとしている。

そんな彼らだからこそ、上の世代の人とも分かり合えるかも知れない、手を取り合えるかも知れない、と感じたときに、「この上司と一緒に頑張りたい、この経営者のために力を尽くしたい」という気持ちも生じやすくなるのではないでしょうか。そして、持ち前のパワーとポジティブさを発揮してくれるのではないかと思います。

今、大切なのは、若者たちを変えようとすることではなく、上の世代である私たちが変わることかも知れません。彼らに迎合して、自分たちの意見ややり方まで変える必要はありませんが、彼らと向き合うときのスタンスを少しだけ変える。

今時の若者たちは欲がない、消費をしない、指示待ちである、何を考えているのか分からない、といったネガティブな先入観を持って見るのではなく、彼らが持つ異質なマインドをもっと理解しようとする。

そのときに、まずは「それな」という、重くない、さり気ない共感の伝え方を心がけると良いと思います。

そこを入り口とすることで、より深い対話にも入っていきやすくなるでしょう。

若者にもっとアウトプットの機会を！

私が若者たちと交流するとき、もう一つ大事にしているのは、自分も彼らに対して「つくす」ということです。

今時の若者たちのために無償の奉仕をしよう、などというのは大げさですし、もしそんなことをしても、彼らは善意の押しつけを重苦しく感じるだろうと思います。

それよりも、彼らに得をしてもらうことによって、私自身も得をしたい。みんなで楽しみや喜びを共有し、つくし、つくされ、ハッピーになっていく。そういう輪の中に私も入れてもらおうとしています。

その中で、マーケッターである私だからできることをして、ある面では、リーダーとして彼らを引っ張っていきたい。

そういう思いもあって企画したのが、序章で少し触れた「ワカスタビジコン」です。

説明するまでもないと思いますが、「ビジコン」とは、参加者がビジネスモデルをつくり、その優秀性、新規性を競うビジネスコンテストの略です（ワカスタビジコンの場合は、課題となる商品を若者にどうアプローチすれば、モノが動くかを考えるので、キャンペーンコンテストに近いかも知れません）。

ワカスタメンバーの中に、過去にビジコンに参加したことのある学生が何人かいたのです

ワカスタビジコンの説明会に集まった学生たち

が、アイデアを出し合って、優勝チームを決めて終わり……では、少し寂しい、という声があり、どんなビジコンなら、もっと参加したくなるか、若者にもっとチャンスを与えられるかを彼らと話し合って、具体化していきました。

そうして誕生したワカスタビジコンでは、コンテスト形式で最優秀アイデアを決めた後、協賛企業と参加者が一緒になって、そのアイデアを現実化していく、という趣旨を前提としています（中間選考に残ったチームのためにワークショップセミナーを開催したり、弊社ADKの若手社員がメンターとなって参加者の質問に答えたり、といったサポートも行います）。

参加者は、今時の若者である学生たち。この稿を執筆している2015年2月現在が、まさに第1回ワカスタビジコンの選考期間中なのですが、日本全国から196チーム、771人もの応募がありました。

協賛企業は、大手コンタクトレンズメーカー、大手レンタカー会社、大手飲料メーカーの3社です。

今、企業はどこも「どうすれば若者の心を捉え、彼らを動かすことができるのか」という悩みを抱えていますが、なかでも意識の高い企業が協賛してくださったものと思います。

そうした企業と一緒になって、若者たち自身の力で、若者たちを動かしたい。「若者はこういうマインドに基づいて消費行動をしている。だから、こんなアイデアが必要だ！」というメッセージを具体的な商品と広告コミュニケーションによって伝え、若者市場をリードしていきたい。

そんな志を持って、ワカスタビジコンを成功させるべく、今、奮闘しているところです。

今時の若者たちは、若者同士で手を取り合う、ということは、すでに十分行っています。その協力の輪を上の世代にも広げていけたら、もっとハッピーな社会になるのではないでしょうか（私自身、彼らと協力して何かをするのはとても楽しいし、エネルギーをもらえます）。

そのために、もっともっと、今時の若者たちのマインドを理解する人が増え、彼らに活躍の場、アイデアをアウトプットする機会が与えられていくといいな、と思っています。

そういう思いを込めて、本書『つくし世代』を書きました。

読者の皆様、私の拙《つたな》い話に最後までお付き合いくださり、ありがとうございました。

私に本書に取り組む機会を与えてくださった光文社新書の小松現さんに格別の感謝を捧げます。

そして、いつも私と楽しみや喜び、そして貴重な情報をシェアしようとしてくれるワカスタの現役メンバーたち、卒業したメンバーたちに、日頃の感謝と「これからもよろしく」という気持ちを込めて、心からの「ありがとう」を贈ります。

藤本耕平

平成二七年　早春

㈳日本音楽著作権協会（出）許諾第１５０１６２２‐５０１号

企画協力　（株）プレスコンサルティング
構　　成　東京ライターズ・アクト（古瀬和谷）

藤本耕平（ふじもとこうへい）

1980年神奈川県生まれ。一橋大学商学部卒業。2002年、株式会社アサツー ディ・ケイ（ADK）に入社。入社時からマーケティング業務に従事。トイレタリー、化粧品、スポーツ、金融、飲料業界などジャンルを問わず様々な企業のコミュニケーション戦略、商品開発などに携わってきた。2010年から若者研究を開始。ADK若者プロジェクトリーダー。2012年、情報感度の高い学生メンバーで構成する若者マーケッター集団「ワカスタ（若者スタジオ）」を創設。学生と共同で若者向けの商品開発やキャンペーン開発などを行う。外部セミナーの講演や新聞・雑誌記事連載、大学客員講師などの活動も行っている。【受賞歴】カンヌ国際広告祭2010、スパイクスアジア広告祭2011ほか。

つくし世代《せだい》 「新《あたら》しい若者《わかもの》」の価値観《かちかん》を読《よ》む

2015年3月20日初版1刷発行

著　者 ── 藤本耕平
発行者 ── 駒井　稔
装　幀 ── アラン・チャン
印刷所 ── 萩原印刷
製本所 ── 榎本製本
発行所 ── 株式会社光文社
東京都文京区音羽1-16-6（〒112-8011）
http://www.kobunsha.com/
電　話 ── 編集部03（5395）8289　書籍販売部03（5395）8116
業務部03（5395）8125
メール ── sinsyo@kobunsha.com

 ISBN 978-4-334-03848-9

743
教養としての聖書
橋爪大三郎
ビジネスパーソン必携。創世記、出エジプト記、申命記、マルコによる福音書、ローマ人への手紙、ヨハネ黙示録をスラスラとダイジェスト型式で読み進める最強の「聖書」解説本。
978-4-334-03846-5

744
好きになられる能力
ライカビリティ　成功するための真の要因
松崎久純
我々は、いくら専門分野で優秀でも、「人から選ばれ」なくては成功できない！　無意識にしてしまいがちな話し方・ふるまいのパターンを意識化し、改善するための原則を教える。
978-4-334-03847-2

745
つくし世代
「新しい若者」の価値観を読む
藤本耕平
気鋭のマーケッターが、若者たちの「今」、「さとり」の次までを分析。彼ら・彼女らに芽生えつつある〈新しいマインド〉とは？　商品開発・マーケティング・人事に役立つ一冊。
978-4-334-03848-9

746
低予算でもなぜ強い？
湘南ベルマーレと日本サッカーの現在地
戸塚啓
2014年、開幕14連勝、その後21戦負け無しの記録を作り、史上最速でJ1昇格圏を確保した湘南ベルマーレ。Jリーグが誇る「中小企業」の15年間を丹念に追ったノンフィクション。
978-4-334-03849-6

747
サルバルサン戦記
秦佐八郎　世界初の抗生物質を作った男
岩田健太郎
感染症界のエースが挑む、空前絶後の科学ノベル！　研究とは何か、科学者の資質とは……実在の細菌学者の人生と当時の名だたる研究者との交流・葛藤を通し現代に問いかける！
978-4-334-03850-2